古代歷史文化 研究輯刊

三一編

王明蓀 主編

第 28 冊

民俗雕版木刻研究
（第二冊）

鄧啟耀 等著

國家圖書館出版品預行編目資料

民俗雕版木刻研究（第二冊）／鄧啟耀 等著 -- 初版 -- 新北市：
花木蘭文化事業有限公司，2024〔民 113〕
目 8+220 面；19×26 公分
（古代歷史文化研究輯刊 三一編；第 28 冊）
ISBN 978-626-344-680-9（精裝）
1.CST：版畫 2.CST：民俗 3.CST：研究考訂 4.CST：中國
618   112022541

ISBN-978-626-344-680-9

9 786263 446809

古代歷史文化研究輯刊
三一編　第二八冊　　　　　　　　ISBN：978-626-344-680-9

民俗雕版木刻研究
（第二冊）

作　　　者　鄧啟耀等
主　　　編　王明蓀
總 編 輯　杜潔祥
副總編輯　楊嘉樂
編輯主任　許郁翎
編　　　輯　潘玟靜、蔡正宣　美術編輯　陳逸婷
出　　　版　花木蘭文化事業有限公司
發 行 人　高小娟
聯絡地址　235 新北市中和區中安街七二號十三樓
　　　　　　電話：02-2923-1455／傳真：02-2923-1452
網　　　址　http://www.huamulan.tw 信箱 service@huamulans.com
印　　　刷　普羅文化出版廣告事業
初　　　版　2024 年 3 月
定　　　價　三一編 37 冊（精裝）新台幣 110,000 元　　　版權所有‧請勿翻印

民俗雕版木刻研究
（第二冊）

鄧啟耀　等著

目

次

中篇　民俗雕版木刻的社會文化功能

　　民俗雕版木刻藝術存在了上千年，在中國廣大地區流行，它們的主要製作者和受眾，都是民間普通老百姓。對他們來說，這些被不同人群稱為「甲馬」「紙馬」「風馬」「馬子」等等的雕版木刻紙（布）印圖像，不是什麼「藝術」，而就是靈界諸神（鬼、靈）的化身或代表，能夠影響或作用於人們的身體、精神狀態和社會的現實生活。

第五章　祈神：祈福求佑

祈求財源茂盛、子孫興旺、健康長壽，是中國老百姓的基本訴求，故「財子壽」紙符最為常見。如果有人做官，享受俸祿，家族就可能榮華富貴，雞犬昇天。所以，「祿」，在中國老百姓眼中，也是福的一個重要內容。後來所求越多，或曰福、祿、壽、財、喜「五福」，或曰福、祿、壽、財、子「五福」，這些都是中國人心目中現世的幸福。

一、祈福求財

祈福求財是中國民間祭祀中最普遍的活動，它反映了人們對幸福的理解，或者對生存基本需求的奢望。福是什麼？從民間雕版木刻及其相應祭祀活動中，我們可以看到，福的基礎首先是物質的「財」，然後是代表社會地位的「祿」，其次是延續家族繁衍和個人生命的「子」和「壽」。

1. 福祿壽紙

福、祿、壽諸神，是老百姓常拜的大神。有福有祿、健康長壽，在老百姓心目中，是幸福的極致，人生最大的夢想。所以，福神、祿神和壽星，一般都並列而拜，以求齊全。除此之外，還有「祿馬」等對應的紙符。

福祿壽

好事生怕口說無憑，還要「有書為證」，寫成紙符和紙錢等一起焚化，以把祈福上達天界。有更用心的，則以字為畫，貼在家裏，神看了喜歡，人看了開心。

福：福如東海。雲南大理　　祿：祿享千鍾。雲南大理　　壽：壽比南山。雲南大理

天官賜福。晚晴民國，蘇州桃花塢年畫，南京博物院展品

財子壽

不求仕途之「祿」而求子孫興旺的「子」，應該是務實的廣東人心態的一個反映。對於重視宗族力量，直到現在還保留了大量宗祠的廣東人來說，「祿」雖好，但畢竟「天高皇帝遠」，攀附的可能性沒有「子」那麼實在。所以，在別的地方已經十分順口的「福祿壽」，到了粵地就成了「財子壽」，也算是一種地方特色。

財子壽。廣東廣州

五福大神

　　五福，有福、祿、壽、財、喜之說，亦有福、祿、壽、財、子之說，總的
意思，是希望世間的好事，都給佔了。

五福大神。雲南保山　　　　五福大神。雲南保山　　　　五福大神。雲南保山

五福。雲南騰沖　　　　五福大神。雲南大理

天官賜福

道教奉天、地、水三神，亦叫三官，天官即其中之一。天官名為上元一品賜福天官，紫微大帝，隸屬玉清境。天官由青黃白三氣結成，總主諸天帝王。每逢正月十五日，即下人間，校定人之罪福，故稱「天官賜福」。闔家平安，日日進財，出入平安，是此符的祝詞。

天官賜福，闔家平安。廣東廣州　　天官賜福，闔家平安。廣東廣州

送福神馬

送福神馬。雲南大理

祿馬扶持永保平安

祿馬扶持永保平安。廣東

福祿符

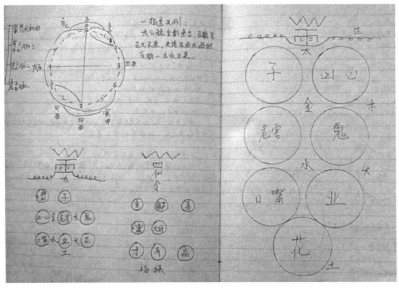

福祿符。雲南昆明至果道人提供

2. 財神紙

中國傳統宗教信仰的一個重要特色，是具有濃厚的實用主義、物質主義取向。所以，財神成為最受歡迎的神祇。除此之外，還衍生出系列性的財神，如招財童子、利市仙官、文武財神、東西南北中五路財神、九路財神（加上東南、東北、西南、西北，不漏一角）、財公、財母、財龍、玄壇趙元帥、增幅積寶財神、招財進寶財神等等。財神的職務很多，分工也很細，可見窮怕了的國人上千年對財神是多麼期待。

財神

財神有文財神和武財神。文財神的原型是殷代的比干或春秋時代的范蠡，他著文官袍服，手捧如意，腳踩元寶；武財神的原型是趙公明或關羽：一手拿鋼鞭，一手拿元寶的黑臉騎虎者是趙公明，而拿大刀站立的紅臉美髯公自然是關公。五路財神中，東路財神是端聚寶盆的比干，西路財神是拿青龍偃月刀的關羽，南路財神是手持如意的柴榮，北路財神是手持鋼鞭和元寶的趙公明，中路財神是執令箭的王亥；九路財神加上東南、東北、西南、西北四角，其中，東南財神是手拿算盤的范蠡，東北財神是背靠青龍手舉「招財進寶」條幅的李詭祖，西南財神是牽馬馱書的子貢（一說端木賜），西北財神是騎金蟾的劉海蟾。

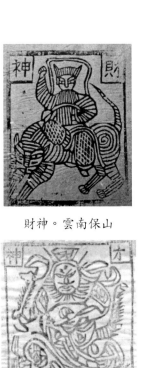

財神。雲南保山

財神。雲南芒市

財神。雲南保山

財神。雲南巍山

財神。雲南巍山

財神之神。雲南大理

財神。雲南巍山

財神。雲南巍山

財神。雲南巍山

財神。雲南永勝

財神。雲南畹町

財神。雲南保山

財神。雲南保山　　　　財神。雲南騰沖　　　　財神局部。雲南騰沖

財神紙。雲南昆明　　　　財神紙。雲南昆明　　　　財神紙。雲南昆明

趙公元帥

　　一些地方的財神在符像上標明是趙公元帥。民間傳說他是張天師守丹室的徒弟，後被天帝封為「正一玄壇趙元帥」，手下有招寶、納珍、招財、利市四神，屬於正宗道教神靈。又說他原是瘟神，經天帝勸化改邪歸正後分管財政。由於他兩手都硬，又熟悉瘟神內部情況，所以民間樂意供他，既求財，又避瘟，一舉兩得。祭獻用熟雞蛋一個、飯一碗，香三炷，還要放鞭炮。每月初二、十六和招財童子、阿（女舌）之神一起燒。人們認為，燒了財神紙有財。

趙公大元帥。雲南大理　　　趙公元帥，招財進寶。雲南大理

玄壇趙元帥。清，雲南
騰沖

玄壇趙元帥邱祖之神。清
末，北京〔註1〕

財公財母

財公財母〔註2〕

增福財神

增福財神〔註3〕

〔註1〕引自蕭沉博客：《俗神》（圖為日本人20世紀初收藏）http://xiaochen.blshe.com/
post/78/503808，2010,2,11。

〔註2〕引自蕭沉博客：《俗神》（圖為日本人20世紀初收藏）http://xiaochen.blshe.com/
post/78/503808，2010,2,11。

〔註3〕引自蕭沉博客：《俗神》（圖為日本人20世紀初收藏）http://xiaochen.blshe.com/
post/78/503808，2010,2,11。

招財甲馬

招財甲馬。雲南保山

招財童子、利市仙官

　　利市紙種類很多，總體屬於財神系統。其中，招財童子、利市仙官是財神的下屬，所以要和財神配。朝山、求財，或每月初二、十六，配一封表文，並按照四季月份，配不同的錁子、黃錢和香，每一季，配一對錁子，一份黃錢，三炷香。不同地方，與財神相配的紙符也各有不同，雲南大理地區，招財童子、利市仙官和財神、阿（女舌）之神一起燒；雲南紅河地區，財神紙則為36張一套。

招財童子、利市仙官。雲南大理

招財童子、利市仙官。雲南大理

招財童子、利市仙官。雲南巍山

招財童子、利市仙官。雲南巍山

招財童子、利市仙官。雲南巍山

招財童子、利市仙官。雲南巍山

招財童子、進寶玉　利市仙官。雲南大理　利市仙官。雲南大理　招財童子。雲南大理
女。雲南德宏

招財進寶

　　招財進寶也是財神紙的一種類別，主要是祈願式的，貼在門上。比如祈祝
「日進千鄉寶，十招萬里財」「生意經萬事興」「生意興隆，財路通順」等等；
也有附著於財神之上的，目的還是借它們之力「招財」，或勞其大駕為自己「送
寶」。

招財進寶。雲南大理　　　　　　招財進寶。雲南大理

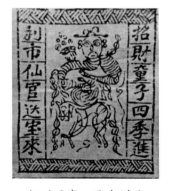  

招財進寶。雲南祥雲　　　　招財進寶。雲南彌渡　　　　招財進寶。雲南大理

招財進寶。雲南昆明　　　　　　　　招財進寶。雲南昆明

招財進寶。雲南德宏　　　　　　招財進寶。雲南昆明

招財進寶。雲南昆明

招財進寶。雲南昆明

招財進寶。雲南昆明

招財進寶、四季興隆。晚晴民國，蘇州桃花塢年畫，南京博物院展品

招財進寶。蘇州桃花塢年畫，晚　招財送寶。河南開封朱仙鎮年門
晴民國，南京博物院展品　　　　畫。開封博物館年畫展廳展品

金錢虎

金錢虎。蘇州桃花塢年畫，晚晴民國，
南京博物院展品

聚寶盆

聚寶盆。蘇州桃花塢年畫，晚晴民國，
南京博物院展品

生易（意）經萬事興

生易（意）經萬事興。雲南德宏

朵錢萬貫文

朵錢萬貫文。雲南大理

田野考察實錄：廣東順德「觀音開庫」

初到廣州，第一次聽女兒從同學那裏學唱的粵語歌「財神到」，笑劈：

> 財神到
>
> 財神到　財神到
>
> 好心得好報
>
> 財神話　財神話
>
> 搵錢依正路
>
> 財神到　財神到

好走快兩步

得到佢睇起你

你有前途

闔府慶新歲　喜氣盈盈

齊賀你多福蔭　壯健強勁

又祝你今年　慶獲榮升

朝晚多多歡笑　錦繡前程

願夫婦恩愛　體貼入微

成日有吉星照　百事無忌

共親友相見　說話投機

充滿新春喜氣　歡暢揚眉……

感覺老廣太直接太幽默，看紙火攤民俗用紙錢神像，財神或與求財的品類也是最多。二十幾年相處，發現老廣還真這樣：不爭論，直接幹。

2016 年 3 月 3 日（農曆正月二十五日），我帶學生〔註4〕到廣東省佛山市順德區容桂鎮，參加「觀音開庫」活動。據說只有在正月二十五這一天晚上十一點鐘（農曆正月二十六日之始）至次日晚上十二點，觀音像才允許開戶，供人們祭拜，同時向觀音借錢。

我們於晚上近十點到達觀音堂，這時路上的人們已經很多了，路邊有許多店鋪售賣各種風車等吉祥物，這些店鋪有私人經營的，也有慈善組織進行義賣，但經營的商品大同小異，充滿當地特色。

售賣的吉祥物有風車、還願紙、香、生菜等。其中風車因為其轉動的形態而具有「轉大運「的含義，風車兩端的飾物通常有菠蘿（代表節節高升，陞官發財）、花生（多子多福）、福包與扁擔（都象徵著財源滾滾，有求財之意），人們都會將風車高舉頭頂，春季多風，風車隨風旋轉，人們相互問候吉祥快樂，恭喜發財，一派繁忙之景。還願紙是當地的說法，其作用與傳統迷信的黃紙相似，但還願紙以紅色與白色為主色調，紅色紙底上有紅色的印製的觀音像，人們在寺廟專用的焚燒爐中點燃還願紙，同時向觀音的方向祈求自己的願望。與此相似的還有由一個個小的紙折金元寶組成的元寶船，有祈求生意興隆的含義，和還願紙一樣點燃後祈禱，然後投入巨大的焚香爐。香和別地的香無異，

〔註 4〕中山大學傳播與設計學院「紀錄片實務」課程班學生考察，課程教師：鄧啟耀、彭穎斌。

有粗有細，寺院有設立焚香爐，也有鼎狀的大香爐，人們點燃香，向著正南（觀音的方向）祭拜，然後將香插入香爐。同時最具特色的是這裡將生菜與茨菇等蔬菜也加入了祭拜物之中，生菜有生財之意，茨菇因為會在春天分長出新的小茨菇，而具有多子之意，橘子代表吉利。有的攤位還會售賣菊花，菊花有祈求孩子的意思。其中白色代表求子，紫色代表求女。

人們在這一天會從四面八方趕來，甚至有來自中山市特意過來祭拜的。在這一天，人們會用祭物向觀音許願和借錢。如果這一年發財了，說明借錢成功，要帶著祭物來還願。即使一年中沒有實現也沒有關係，人們第二年、第三年依然會帶著祭物趕來祭拜，直至願望實現，便會來還願。在觀音堂的對面（北方）有一排長亭，人們帶上祭物，面對南方，跪坐在毯子或報紙上，將祭物裝入籃子，有各類水果，元寶船，花生，還有生菜（一般會用還願紙包紮起來），將香插在切成兩半的蘋果上，旁邊往往還會放一些酒，人們跪坐其後，在心中祈禱、還願，大概九點左右便已經到觀音堂，一直祭拜至晚上 11 時觀音開戶，趕去上頭香。有專門的「代理祈願人（通常為中老年婦女）」，專門替他人許願，跪坐焚香，會向許願人收取一點金錢作為報酬。同時我們也遇到有中老年婦女向我們手中塞還願紙，同時用粵語講了一些吉祥的話，收下還願紙的人要給這些婦女一些錢，以圖吉祥。一時間，長亭雲霧繚繞，煙霧彌漫，燃燒的還願紙飄搖在煙霧繚繞的空中。

到了晚上 11 時左右，人突然變得多了起來，晚上 11 時便是陰曆記法中的子時，即一天之伊始，所以在晚上 11 點後便是正月二十六日，觀音開戶事實上是在正月二十六日進行的，觀音開戶會從二十五日晚 11 時持續到次日 11 時。接近 11 時的時候，已經有人在排隊等待了，觀音堂工作人員用圍欄規劃了行走路線，並收門票 10 元一張，繞園湖近兩周，園湖近圍欄的地方有一座白石雕刻的觀音像，觀音像旁邊有兩個跪坐的童子，人們會將硬幣投向觀音，同時祈願，觀音像周圍也放置了不少吉祥物如生菜、橘子，糖果等。觀音堂事實上有兩個殿堂，左邊的（東邊）殿堂有一尊觀音像，右邊（西邊）有三尊很相似的神像，進入觀音堂左右均有門神像，內有石刻記錄修繕情況與捐款名列，觀音像上方的匾上寫著「慈航普渡」，裝飾有彩色的帷帳，有蓮花的紋飾，觀音被放置在木質的櫃子中，觀音前方有各種鮮花作為裝飾，透明的功德箱中有面值不一的鈔票。在西側的殿堂中也有左右各兩座門神，殿堂中央有一個略大的木櫃，中有三座樣子十分相似的神像（形似玉皇大帝）亦有帷帳，飾以蓮

花（有金色與粉色兩種），匾上有「神靈直庇」，花的數量與種類遠遠少於東殿。殿內沒有香爐，可能是出於安全考慮移至殿外（正對觀音堂的兩座大型焚香爐）。觀音堂所設計的路線出口直通堂外，若要進入需再繞一圈從園入口進入。大概 12：30 左右人們陸續離開，1：00 後基本便沒有什麼人了。

　　在園內售賣吉祥物的攤位中有兩種：私人經營與福利組織義賣。該福利組織為容桂政府所組織的社會組織聯合多家當地慈善組織進行的，售賣的商品多來自捐贈與義工的手工製作，有魚蛋、烤翅等小吃，也有各色飲料（義工捐贈），有風車、香等吉祥物，也有生菜、鮮花，同時也有手製假花、錢包等與祭祀無關的對象。義工不負責收錢找零，需來客自備零錢，將錢投入功德箱。收入將會用於扶貧、扶弱、扶殘。工作人員有兩類，一類是慈善組織內部的工作人員，另一類是前來幫忙的義工，這些義工有自己的本職工作，自願報名成為義工。因為需要守夜，準備隔日的售賣工作，其中一班工作人員會在二十五日晚 8：00～次日早上 7：30 工作，另一班工作人員會在這時交班，開始第二天的工作。據義工說，這樣的義賣已經持續了 4 年之久。

　　在觀音堂的外面，有一條短短的街道，在原本標著各類小賣部、商店的牌子下面，人們在這一天不約而同的做起了吉祥物的生意，從風車到地方小吃，從各色果脯到算命攤，孩子們歡笑著穿梭其間，無論年歲幾何的老人也會買一支風車，情侶們在果脯攤前挑挑揀揀。連乞丐都多了起來，排成一排在街道的出口等待善心的老人給予些微的施捨。而在圍牆的另一邊，還有人們在焚香許願，膜拜觀音，牆內牆外，人們都摩肩接踵，緩緩地行進著。

　　到了第二天上午，人們已經不如昨晚那麼多了，上頭香的時間已過，只有零零散散的人們在觀音堂中祭拜，恍惚之間，觀音堂又重歸寂靜，不見昨日的繁華，清潔工人們在沖刷著飄落的還願紙的灰燼，蔫了的生菜還在攤販的籃子裏，義工把新鮮的菊花放入水桶，也許今晚還有另一次繁榮。

　　據工作人員說，每年的這個時候幾乎整個順德區的人們都會陸陸續續來到這裡祭拜觀音，手持風車，求子者帶著茨菇，求財者拿著生菜，從四面八方趕來，甚至從別的市開車趕來上頭香，人們早已習慣於此，買風車的老人一邊道恭喜一邊笑著，認識或者不認識的人們相互道吉祥，煙霧向著南方漫溯，觀音的微笑在漫天飛舞的還願紙中閃爍。無論願望是否實現，人們如約前來，待到願望實現之時，再來點燃紅白相間的還願紙。

順德容桂觀音開庫部分訪談

問：請問您是哪里人呀？

答：容桂本地人。

問：您是不是每年都過來參加觀音開庫這個活動呢？

答：是啊，每年都會過來參加，往年我都是 12 點之後才到的，今天提早了過來（時間為 10：30）。

問：觀音開庫活動在順德容桂有多少年歷史呢？

答：聽說已經有超過 500 年的歷史了。

問：觀音開庫是每年的什麼時候開始的？

答：每年正月二十六子夜，凌晨 12 點開始。

問：觀音開庫是什麼意思？

答：每年到了這一天的凌晨，觀音菩薩會打開錢庫、金庫允許大家過來借錢，到了明年再回來這裡還，還錢不用利息，大概就這個意思。還有另一種意思就是，你參加觀音開庫活動，可以向觀音菩薩借庫求財，祈求新年平安吉祥、財運亨通，做生意的「發」到盆滿缽滿（賺很多錢）。

問：為什麼要向觀音菩薩借，而不是向財神借呢？

答：這個可以這樣理解，觀音菩薩相當於國家總理，而財神只是她手下的一個兵（神），相對於財政部長，那肯定有大借大啦。

問：呵呵，形容得好形象，非常容易理解吶。這裡「觀音開庫」的主要程序是怎樣的？

答：先是走過白蓮池觀音堂向觀音菩薩祈禱，以前是不用買門票的，今天就要買 10 塊錢的門票進去啦。進到裏面後，由於因為堂內是不能點香火的，所以只能在觀音菩薩面前祈福，說說心願，再在神像的上面放一些香油錢，在觀音堂的程序就算是完成了。如果你還想繼續拜觀音，就到白蓮公園後面得香火區點香燒元寶蠟燭，如果你不是很懂怎樣拜，就找那些神婆，她們可以替你拜或者教你怎樣拜。

問：那拜觀音菩薩一般要準備什麼祭品？

答：一般是元寶蠟燭、鮮花、水果等，我也不是很懂，你還是問問那些神婆吧。

問：找那些神婆幫忙要收費的嗎？

答：要的，結束後，用個利是封裝點錢進去，然後交給她就可以了。

問：白蓮池觀音堂是什麼時候建的？

答：如果我沒有記錯的話，應該是 80 年代建的，至於具體是哪一年嘛，就不記得了。

問：是不是政府資助的？

答：開始是本地的鄉民與港澳鄉親，還有外地的華僑集資重修，後來順德區人民政府才把觀音堂、白蓮池確定為我市風景名勝重點保護單位，那以後的修葺就是政府資助了，好像前幾年政府就對觀音堂進行了擴建和修葺。

問：那就是先有這個觀音堂再有這個白蓮公園，對嗎？

答：對的。

問：是不是每一年都有這樣的規模？

答：基本是。〔註5〕

問：今晚大概有多少人參與活動？

答：很多，估計超過 10 萬，11：00 過後，我們準備要分流了。

問：今晚的活動會一直持續到幾點結束？人流量最大大概在幾點？

答：到明天早上六點結束，人流量最大應該是在凌晨 12 點到 2 點這個時候吧。

問：是不是每年都有這麼大規模的？

答：差不多，今年估計會更多人參加。〔註6〕

問：您的職業主要是做什麼的？

答：就是替人拜觀音菩薩囉。

問：你平時也做這個嗎？還是今天觀音開庫才過來做？（長職

〔註5〕訪談對象：陳某，男，60 多歲，容桂鎮人，訪談時間：2016 年 3 月 3 日（農曆正月二十五），訪談地點：廣東順德容桂鎮白蓮公園內，訪談人：中山大學傳播與設計學院「紀錄片實務」部分學生。

〔註6〕訪談對象：張某，男，35 歲，容桂鎮警察，訪談時間：2016 年 3 月 3 日（農曆正月二十五），訪談地點：廣東順德容桂鎮白蓮公園內，訪談人：中山大學傳播與設計學院「紀錄片實務」部分學生。

還是兼職）

答：我平時白天都在做，但今天會做通宵。

問：你做這一行有多長時間了？

答：超過三十年。

問：這兩個小木塊有什麼作用？

答：這相當於是問卦，讓祈禱的人帶著心願來擲，平的在上就是陰卦，弧的在上就是陽卦，一般要擲三次，我再來解卦。

問：今晚一般什麼時候開始拜？

答：今晚什麼時候都沒有問題，過了12點，等觀音開庫就更加理想。

問：拜觀音需要準備些什麼東西？

答：這個是有講究的，一般是香、元寶、蠟燭、水果、鮮花。

問：燒肉之類可以嗎？

答：肉就不要了，觀音菩薩是吃齋的，準備一些齋菜是可以的，或者是糕點之類的。

問：我剛才看你幫人家拜觀音的時候，都說了些什麼呢？

答：開頭要說「南無大慈大悲救苦救難廣大靈感觀世音菩薩」，連續說三遍，剛才那人是求平安的，我向觀音菩薩許願讓他平平安安。

問：那整個程序是怎樣的？

答：先上香後禮拜，三根香就夠了，合掌拜三下即可，然後把你所想的念出來給觀音菩薩聽，但一定要口心一致，再把拜觀音菩薩的元寶蠟燭燒掉。然後我再幫他起卦，最後我會送一個觀音符他，帶在身上可以保平安的。

問：有什麼要注意的？

答：其實也沒什麼，但來大姨媽（月事）的女人是不能來拜觀音的，因為是對神明的大不敬。

問：那做一次是怎樣收費的？

答：這個就意思意思，自由給就行了。〔註7〕

〔註7〕訪談對象：鄧某，女，65歲，容桂鎮燒鵝村村民，訪談時間：2016年3月3日（農曆正月二十五），訪談地點：廣東順德容桂鎮白蓮公園內，訪談人：中山大學傳播與設計學院「紀錄片實務」部分學生。

問：你是不是每年都過來參加的？

答：是的。

問：你的香這麼大這麼長，是不是等它燒完才走？

答：當然不是，我準備馬上就走了，趁它還未燒完拿回家繼續燒。因為我家也供奉了一個觀音菩薩像，這樣能把這裡觀音菩薩的福分帶回家，保佑全家人平平安安。

問：那你的香是怎樣帶走的？

答：我開車來的，把香架在車窗上就可以了。

問：是不是帶大香過來拜觀音的都是這樣做的？

答：順德這邊基本都是這樣做的，如果遠一點就不一定了。〔註8〕

觀音開庫的晚上，觀音堂外面擠滿了賣祭祀用品和吉祥物的臨時店鋪。廣東順德容桂，2016，鄧啟耀攝

購買祀用品和吉祥物的信眾。

信眾排隊進入觀音堂。廣東順德容桂，2016，鄧啟耀攝

〔註8〕受訪者：李某，男，48歲，容桂鎮本地香客，訪談時間：2016年3月3日（農曆正月二十五），訪談地點：廣東順德容桂鎮白蓮公園內，訪談人：中山大學傳播與設計學院「紀錄片實務」部分學生。

幫人誦經化紙的中老年婦女。廣東順德容桂，2016，鄧啟耀攝

燒香拜祭觀音，請其開庫借錢。廣東順德容桂，2016，鄧啟耀攝　　身穿和尚道士衣服的人攬客算命。廣東順德容桂，2016，鄧啟耀攝

3. 平安和睦紙

在過去，天災人禍頻繁，一般老百姓除了要應對旱災、水澇、蟲害的天災，還要應對官府兇殘、匪盜橫行、戰火連天的人禍。所以，「平安是福」，也就是中國老百姓基本的訴求。若不能富貴，起碼也求個社會平安，家庭和睦。

比較常見的「平安符」，是在一張四方的黃紙上，印上神像和符籙，折成三角紙角，尺寸在 3 釐米以內，方便隨身攜帶，據說具有辟邪消災的功能。

平安神

自古以來，無論興亡，都是老百姓苦。所以，但求平安，不要折騰，已經是老百姓的基本要求。在家求闔家平安，出門求出入平安，做事求消災解難、清吉平安。請平安神時，安一對錁，三炷香，連一些黃錢一起焚化。

平安神。雲南騰沖　　平安尊神。木板水印，清末，　　平安。雲南芒市
　　　　　　　　　　北京〔註9〕

平安符

　　平安符與平安神功能相同。請平安符，也是安一對鐓，三炷香，連一些黃錢一起焚化。

平安符。雲南保山　　平安符。雲南保山　　平安符。雲南大理　　平安符。雲南保山

平安符。雲南德宏　　平安符。雲南畹町　　保福平安符。廣東　　平安符。廣東

平安發財符

平安發財符。雲南德宏

保平安大吉

保平安大吉。雲南大理

消災解難平安符

消災解難平安符。雲南大理

吉日安辰

吉日安辰。雲南大理

百事如意

百事如意。雲南大理

平安馬

精神甲馬。雲南大理

精神甲馬。雲南大理

平安馬。雲南大理

人馬平安。雲南大理　　　　　人馬平安。雲南大理　　　　　人馬平安。雲南大理

孝德

孝德。雲南大理

闔家同樂

「闔家同樂」馬子上有「今年好豐收，老幼得幸福」字樣，明顯是農民的祈禱。

闔家同樂。雲南巍山　　　闔家安樂。雲南大理　　　一團和氣。蘇州桃花塢年畫。
　　　　　　　　　　　　　　　　　　　　　　　　晚清民國，南京博物院展品

4. 貴人紙

俗話說：「求富容易求貴難」。富只要發財就可以，貴則有更多內外制約，是更高檔次的追求。在南方，比較流行貴人紙，必得要和紙錢、元寶之類混用。在北方，貴更多與權力聯繫，所以升了一個級別，設有專職的貴神。

貴人祿馬

「貴人紙」形制較多，有貴人紙、鴻運轉運貴人紙、貴人祿馬紙等。大的有打開的報紙那麼大，畫滿各種貴人；小的巴掌大，一人或數人。貴人紙使用範圍很廣，貼在家裏、隨身攜帶、舉行各種儀式，都會用貴人紙，並常與「祿馬」等連用。

貴人祿馬。廣東

貴人紙。廣東普寧

鴻運轉運貴人紙。廣東

貴人祿馬。廣東

貴人紙。廣東

貴人祿馬祈福。廣東

貴人紙。廣東

貴人紙。廣東

貴神

貴神。清末，北京〔註10〕

好人相逢

結緣的「好人」，貌似官員，這應該是中國人「關係學」的普遍心態。

好人相逢。雲南大理

好人相逢。雲南大理

〔註10〕引自蕭沉博客：《俗神》（圖為日本人20世紀初收藏）http://xiaochen.blshe.com/post/78/503808，2010,2,11。

滿堂聖賢

滿堂聖賢。雲南大理

二、祈育

　　中國作為世界著名的人口大國，生育問題一直是人們最為關心的問題。「人丁興旺」，是諸多祝詞中使用頻率最高的祝詞之一。

　　祈育的直接意象是以石祖、石陰的視覺形式表現出來生殖器崇拜。石祖、石陰的崇拜歷史悠久，不同文化都有大致相似的內容。石祖和石陰，有的利用天然造型，如鍾乳石、石縫；有的人工雕琢或建造，如石器時代的很多石雕玉雕作品。除了石祖、石陰，一些少數民族還用木柱、大樹、雄雞腰子、蛇、長形蘆、牛角等作生殖器象徵的習俗。景頗族木腦節上的「木腦柱」分雌雄，彝族祭龍節裏的龍樹也用於祈育，哈尼族十月年等節日中男女聚會的雞腰子、生殖舞用性器道具長形葫蘆等，都有這個含義。

　　人們認為，生育不完全是一種生理行為，能否受孕，還需一種靈力的介入，即靠子孫娘娘、觀音、麒麟等送生送子。所以，人們設想的生育系統諸神，包括受孕、保胎、生產等環節，都得神靈加持。關於子孫娘娘、送生娘娘、觀音送子、麒麟送子等等的紙符，就是人們建立了較為成熟的生育系統諸神后的產物。

子孫紙

　　子孫紙包括子孫娘娘、送生娘娘、觀音送子、麒麟送子等神靈，也包括「百子鬧春」「嗣綿五桂」等吉祥意象。

衛房聖姥

衛房聖姥即九天衛房聖母，是三界之中專司女子懷胎受孕、護佑平安出生的上界尊神。到臨產時，有衛房聖姥護佑，可免於被其他吸食血氣之鬼傷身害命，順利生產。

衛房聖姥。雲南芒市

子孫娘娘

子孫娘娘是生育之神。沒有生育的人家，年三十晚上，在家一邊燒，一邊念一些多子多福的吉利話。孩子出生三天後，產婦和家人要去巍山的衍陽廟（訛傳為陰陽廟）祭獻子孫娘娘和後宮娘娘，在她們的塑像前祭拜，討奶水，求清吉，焚燒香燭和馬子。已經生育的要酬謝，有的還要寫表呈送。搞計劃生育時，不准燒這個馬子。現在又都燒了。

子孫娘娘。雲南大理　　　子孫娘娘。雲南大理　　　子孫娘娘。雲南大理

子孫娘娘。雲南大理

子孫（娘娘）。雲南巍山

子孫（娘娘）。雲南巍山

子孫娘娘。雲南巍山

子孫娘娘。雲南巍山

子孫娘娘。清末，北京
〔註11〕

送生娘娘

　　由於文化傳統和信仰習俗的差異，不同地區的送生娘娘均有不同的本土化特徵，比如雲南大理的送生娘娘和本主娘娘合為一體，信仰佛教的送子娘娘是觀音，而習慣於道教吉語的則是麒麟送子。

送生娘娘、本主娘娘。雲南大理

〔註11〕引自蕭沉博客：《俗神》（圖為日本人20世紀初收藏）http://xiaochen.blshe.com/
　　　　post/78/503808，2010,2,11。

送子觀音

二月十九日觀音誕，婦女多往求子。如生子，則到觀音座下皈依寄名，以保平安。

送子觀音。雲南大理　　　送子觀音。蘇州桃花
塢年畫。晚清民國，
南京博物院展品

麒麟送子

民間認為靈獸麒麟主司送子，不育婦女多祀之。正月十五燈會，表演麒麟送子。

麒麟送子。蘇州桃花塢年畫。晚清民國，南京博物院展品

百子鬧春

百子鬧春。蘇州桃花塢年畫。晚清民國，南京博物院展品

百子千孫

百子千孫。廣東

嗣綿五桂

嗣綿五桂。雲南大理

田野考察實錄：滇川瀘沽湖摩梭人「祈育」

1981 年 2 月，獅子山西側。

獅子山上崖洞很多，它們藏著摩梭人無數私隱的秘密。

在獅子山腳的村子調查時聽說附近的山上有女神洞，村民有求育的就到洞裏祭祀。傳說，天地初分時，一位女神和石人結為夫妻，繁衍了人種。後人稱這石人為「久木魯」石祖，稱女神為「阿移木」（女始祖）。由於它們象徵著生生不息的生育繁殖力，所以，每年三、五、七月裏，當地普米族和摩梭人，便要互相邀約，到阿布流溝山中的「移木」女神洞中去祈育、朝聖，舉行繞山和鑽山洞活動。這天，不孕婦女在丈夫、女伴和巫師的陪同下，舉火進入「移木」山洞。山洞裏有許多石鍾乳，有形似男性生殖器的，便是「久木魯」石祖。祈育時，首先在「久木魯」石下架三個小石頭，中間燒一堆柴火。祈育的夫妻面東，分別向女神和石柱叩頭，祈求「久木魯」賜育。巫師邊燒香邊念經：「天讓你生孩子，地讓你生孩子，左邊的人祝你生孩子，右邊的人祝你生孩子……在神的保佑下，你會身體健康，生兒育女。」然後，祈育的婦女在女伴陪同下，進入石洞中的水塘洗澡，洗身去邪。他們認為男精為骨，女卵為肉，精卵結合才有骨肉胎兒。不過，當婦女身上附有了「喬」這樣的惡鬼時，她的生殖器官就會被窒塞，不能受孕。洗身去邪即為驅「喬」。洗完澡，轉回「久木魯」石旁，祈育婦女接過巫師作過法的一根細竹管，一頭含在嘴上，一頭插在「久木魯」石的凹坑水眼中，反覆吸飲三次泉水，稱為喝「哈吉」（「哈吉」與精液「達吉」意思相同）。最後，她提起裙子，到「久木魯」旁的小石筍上坐一坐，稱為「挪窩」。經過與石祖象徵性的交合後，她與配偶實際的交合，才具備了受孕的「條件」。

這個故事引起我們極大的興趣，和二車說想去看看。二車說怕你們走不起，城裏學生走不慣山路。

「從山腳到山洞要走多少時間？」

「我們走半小時，你們怕要一個小時。上山危險，山上猴子淘氣，見人就扔石頭，引起崖壁間碎石亂滾。前幾天，還打死了一個上山拾柴的女人呢。」

幾天後，我在山腳下的幾個村子已經走的很熟，也問清了山洞大致的方位。一天下午，閒來無事，我便約了兩個伴，從獅子山西部上山了。攀上有草和小樹的斜坡，迎面豎立著一堵陡直的峭壁。我們沿著峭壁往南走，邊走邊往

山頂看，提防那些扔石頭的猴子。但我們很快就扭酸了脖子，再說關照腳下的路比看猴子要緊，因為摔下山比被猴子擊中的可能性要大得多。

路的確很不好走，有的地段基本就是在傾斜的碎石灘上爬行。摩擦得圓溜溜的小石頭在腳下滑動，人也彷彿會跟著它們下滑。而這時你還不能慢下來等它們停止滑動——滑下去已經不算事了，要緊的是別有東西從頭上滑下來。我們不由自主馬上想到那些猴子——只要它們有誰在上面扔一個石頭，就會帶起一批飛石。

倒是風景實在養眼。永寧壩子整個呈現在面前，我們去過的村子歷歷在目。那些和格姆女神有過關係的男神小山們（難怪這裡的人們以母為大：大樹稱母樹，小樹叫公樹；粗柱是女柱，細一些的就是男柱……），也依民間傳說敘述的那樣擺出萬年不變的神話化姿勢。

已經攀了一個多小時，還不見預期中的山洞，左側的石壁卻是越來越少了，群山也越來越低。山風漸漸大起來，在石壁上拉出呼呼的哨音。我們預感到有什麼事要發生，全都不再說話，眼睛盯住前方那片越來越深，也越來越開闊的藍色。

當最後一堵崖壁像大幕一樣終於完全拉開，移到身後時，我們登上一處絕壁。

除了不由自主發出一聲驚歎，我們全都啞口無言。

沒有什麼語言能夠表達我們此刻的感受。

絕壁上是天，湛藍無限；絕壁下是瀘沽湖，無限湛藍。

有風吹過，湖面波紋立刻隨風的走向，呈現交響曲般起伏、舒展、流轉的韻律，斜射的陽光把風影和雲影在湖面上幻為離奇的鏡象。

這是女神的鏡子，還是鏡中的女神？

女神每天面對，難怪她如此高傲。

那天我們沒有找到女神洞，還差點沒趕在天黑前下山。

回到山下村子裏，就著油燈在摩梭人家吃著香噴噴的豬膘肉和玉米飯，覺得幸福無比。老鄉知道我們到達了什麼地方，告訴說，我們過低估計了自己的登山能力，其實比預定時間提前經過了那個山洞。這話使我們信心大增，決定再去一次。我們覺得最值的，是這次「失誤」讓我們有幸看到了女神的瀘沽湖——從女神的角度看到了瀘沽湖。

第二天，我們再登獅子山。按摩梭朋友的指點，準備了一些松明。

很容易就找到了那個山洞。洞裏十分黑暗，需要點燃松明才能行進。前洞不大，有幾個小的鍾乳石，這可能便是人們談到的生殖崇拜象形物了。石柱上放置有火柴盒大小的脫模泥塑佛像，即藏傳佛教信徒常用的「擦擦」，旁邊蠟跡斑斑。據說，凡有不育，摩梭人便會到這些山洞裏來，在達巴（巫師）指導下祭祀山神，拉起裙子在鍾乳石上坐一坐，或喝幾口鍾乳石上滴下的水，回家後再行房事，即可懷孕。

同伴發現一條狹窄的橫縫，剛好夠一個人鑽過。在下面時，我們已被告知，鑽過這條石縫可以到達一個更大的廳，裏面的鍾乳石更多。石縫間的石頭被磨擦得有些光滑，看來鑽進去的人不在少數。用松明照照，深不可測。有人試了一下，拿不准還要匍匐行進多久，退回來。大家下意識地離那石縫遠幾步，彷彿它會變成一張不知什麼時候就合上去的大嘴一樣。猶豫了一陣，大家還是對石縫那邊未知的黑暗心中無數。反正它和咱這些與當下生殖不搭邊的毛頭夥子無關──我們自我安慰著，避開「深入考察」的話題，退出山洞，發現每個人都被松明的黑煙薰成了花臉。

2000 年 7 月，獅子山東南側。

我再次到雲南寧蒗彝族自治縣做田野考察，聽說小落水附近的山上有一個「女神洞」，求育的人挺多，便想去看看，彌補 20 年前知難而退的遺憾。

乘三輪「摩的」沿公路行至小落水，須棄車登山。問老鄉，說要走 3 個小時。抬頭看山，坡很陡。山高路遠怕找不到山洞，我們聘請了一位摩梭嚮導帶路。

我們的嚮導名叫爭翁基，他說，近年來旅遊的多了，也有一些人會想去看看女神洞，給他們做嚮導，收點辛苦費。

路果然很不好走，坡度大，很多地方在岩石和灌木間直上直下。山上小岔路不少，要沒有嚮導，還真不容易找。

爬到山崖下一處開闊的灌木坡地，大家都累了，坐下來歇息。爭翁基說，以前我們是不敢在這裡歇腳的。涼山的彝人經常埋伏在這裡，一搶了人，翻過山崖，就拿他莫奈何了。

歇不了多會，山風開始把汗津津的衣服涼嗖嗖地貼在背上，趕忙起來走，免得生病。

埋頭走了約莫 3 小時，爭翁基說聲「到了」，順他所指抬起頭，見山洞藏在岩石和樹叢中，有風馬旗在洞口飄動。從一個獨木梯爬上去，才是入洞之途。

洞口崖壁上塗滿無聊的漢字，均是遊客到此一遊的留名。突然見到熟人的名字，沒想到學者也會落此「留芳」俗套，不免臉紅。幸而同行者並不注意，爭先往山洞裏鑽，正好掩過。

神山上的溶洞，是當地人求育的地方，進入女神洞的唯一通道是一根獨木梯。雲南寧蒗，2000，鄧啟耀攝

石鍾乳猶如男性生殖器，人們在石鍾乳上牽線或讓女人在石鍾乳上坐一坐，喝一口上面積留的水，據說就會生育了。雲南寧蒗，2000，鄧啟耀攝

　　進了洞，還得從鍾乳石中尋找攀登的路，有的地方架有樓梯，一點地方需要徒手攀援，如同洞穴探險。主祭祀洞內比較寬敞，可容較多參加祭祀的人。洞裏雖然黑，但借著手電筒的光，依稀能看個大概。這是人來得很多的山洞，入洞路徑的石頭被踏得沒有了棱角，特別是那些不知是天成的還是人為、長得極像男性生殖器的鍾乳石石筍，「龜頭」部位油潤光滑，顯然是經過上百年的撫摸了！在它們旁邊大多有一灘蠟跡或一盞泥陶燈盞，說明它們是享受供奉的靈物。而山洞頂部下垂的鍾乳石，則掛著縷縷白線。爭翁基告訴我們，每月初五、十五、二十五，不育或希望結緣的人們點松明或蠟燭進入山洞，焚柏香，手摸肖似陽具的鍾乳石石筍，舉行祭祀儀式和祈禱；或向懸空的鍾乳石拋出白線，看自己的「緣分」將和誰連在一起。

　　有一刻女神洞突然很安靜。爭翁基點燃了蠟燭，燭光使白線在黑暗中拉出幾道柔和的弧形。置於女神「洞」裏的陽具萬古不變地堅挺著，指向曖昧的虛空。人在其中游動，帶進光，帶進夢想。還有那些若有若無的白線，把分離的山洞（陰）和石筍（陽）、願望和事實連接起來，天造地設地感應陰陽。人們進入女神玄門，在與外界日常狀態的暫時隔絕裏忽如處於母體中的混沌情境，一種延續千百年的設問和遊戲，通過神授人為的祭祀接受暗示並儀式化地傳了下去：我是誰？我從哪裏出？我和誰命運相連？……〔註12〕

田野考察實錄：廣東東莞漳澎的「金花娘娘」

　　金花廟位於廣東省東莞市漳澎的三坊，據《麻湧鎮志》記載，其建築年份或重建年份在清代，在文化大革命的時候被拆除，後由村民在1993年集資選址重建。

> 問：為什麼想重建金花廟？
>
> 答：原來的廟已經分給別人住了，就不可能在原來的地方重建。
> 那個房子（原金花廟）前面有一塊空地，我們想用來重建（金花廟）。
>
> 但是，那戶人說那塊空地是他們的，不讓建。我們就跟她說：
> 你想不想兒子能出外工作。她說：想。我們就說：那你就把地讓出
> 來給菩薩，菩薩會保佑你的兒子到外面發展的。最後她同意了。
>
> 本來是想蓋一間小小的，後來又有鄉民願意出資，我們也一個
> 個地問村民願不願意出錢建廟，最多的出了1000元。有一個村民的
> 兒子契了包公，所以她說她負責給包公像的錢。就這樣大家一點點
> 錢集起來，就建成了現在的金花廟，剩下的錢就去買金花衣、走馬
> 燈。這些東西都是我們6個老人家自願去買的，到廣州狀元坊去買
> 金花衣，車馬費則是自付，我們不用公家一分錢。

　　如果說天后廟裏的神主要是負責保佑村民的生計，那麼金花廟則負責起生育和守護小孩的職責。金花廟裏放著負責生育的神祇，包括金花夫人、十二奶娘、送生司馬、花公花母、包公、保壽爺、文昌、醫靈、財帛、雷公、電母、雞穀夫人、馬夫、招運童子。

　　若想求孩子，就要去拜金花。每年金花誕，漳澎都有大批信眾到金花廟「求花」，多數希望能求得兒子。若希望子女聽話乖巧，就要求十二位奶娘幫

〔註12〕本田野考察實錄由鄧啟耀調查撰寫（1980～2001），見鄧啟耀著：《瀘沽湖紀事》，中國旅遊出版社2006年版，第96～101頁。

忙帶孩子。漳澎的十二奶娘為：一袁、二徐、三關、四甄、五馬、六劉、七祁、八丁、九彭、十何、十一蔣和十二張。其他地方還有十六奶娘和三十二奶娘的說法，主小孩聽話、好帶。另外，村人也會在家裏的床底下放一個香爐，代表十二奶娘，每年二月初二都要舉行「拜婆會」的儀式。母親會煎好 12 個「薄餐」〔註13〕奉給十二奶娘，以求神靈保佑小孩聰明伶俐、身體健康，直到小孩長到 16 歲。

生——金花夫人

漳澎唯一的兩座廟，都為女神之廟，若說天后主管了村民的生計與航海安全，那麼金花夫人和十二奶娘便負責了人生最重要的另一部分——生育與傳承。金花夫人（一作「華」），又稱為金花娘娘、金花聖母，為廣東地區最常見的生育神，以廣州的金花夫人信仰最為突出。有關金花起源的傳說大都指金花成仙於廣州仙湖，仙湖也是因金花而得名的。據暨南大學學生黃建華的考究，最早記載金花夫人故事的應該是明代弘治年間刊刻的《南海雜詠》卷二《金花小娘祠》：「在仙湖之西，相傳郡有金氏女，少為巫，姿極麗，時人稱為金花小娘。後殁於仙湖，數日屍不壞，且有異香，鄉人神之，為立祠。」清朝的金花信仰除了在廣州府外，也傳到了肇慶府、高州府、連州等粵西地區，但粵東、粵北卻沒怎麼受其影響〔註14〕。總的來說，套用林美容教授的「信仰圈」概念，則以金花夫人為核心的信仰圈就在廣東地區，以廣州為中心向周邊地區及粵西地區傳播，或隨移民傳到更遠的地方，如臺灣地區。

可以說，金花夫人是一位「土生土長」的廣東本地生育神。然而，前兩節所介紹的漳澎香主天后娘娘和大聖爺信仰都是起源並流行於於福建閩方言區，在漳澎的信仰體系中搭配的生育神卻是廣東本土神，這是一個相當有趣的現象。若在傳統福建地區，與天后娘娘搭配的生育女神是臨水夫人陳靖姑，保佑來求子的信眾懷孕成功。在福建傳說中，臨水夫人陳靖姑還曾收編了「丹霞大聖」，使其從一隻無惡不作的猴精變成看護小孩、和小孩玩耍的保護神。「丹霞大聖」的這個性質和漳澎的齊天大聖非常相像，大家都是「馬騮王」、「細蚊仔」，同樣處在不高的神階位置上。但在漳澎，金花夫人並沒有收編「齊天大聖」，兩個是互補相干的神祇體系，金花管求子生育，大聖管驅鬼治病。不過，金花夫人和臨水夫人作為生育女神，在許多方面都是相似的：第一，都與奶娘

〔註13〕當地用糯米粉製作而成的薄餅，可甜可鹹。
〔註14〕黃建華：《明清廣東金花夫人信仰研究》，暨南大學碩士學位論文，2010 年。

們一起保佑小孩，奶娘的數量不同地方不同，有的地方是 36 個，有的地方是
18 個，有的地方是 12 個，其中一個猜測為移民帶走神像的時候丟失了幾個的
原因；第二，都用「請花」來象徵賜子賜女，白花代表兒子，紅花代表女兒；
第三，都能保佑婦女順利生產；第四，都可以為小孩壓驚，金花夫人有「鎮經
文」儀式，臨水夫人有「陳夫人咒」。如此地相似，真可以作為泰勒所說的「人
類心智同一性」的一個中國民間信仰案例。不過金花夫人和臨水夫人之間到底
有什麼關係，單憑漳澎村的調查無法說得清楚。

　　筆者認為形成香主為天后娘娘、驅鬼治病為齊天大聖、求子佑子為金花夫
人的信仰格局是與漳澎早期先民來源有莫大關係。前兩種信仰暗示著漳澎先
民中有不少帶著福建信仰的移民。這些人有可能是直接從福建到漳澎的移民，
更有可能是祖先已經入粵，到廣東幾個地區落腳，最後輾轉到漳澎定居的移
民。作為廣東本土的生育神金花夫人，也相當常見於東莞地區。她之所以被選
作保佑漳澎村人的傳宗接代保佑神，說明在早期先民中也有許多土生土長的
廣東人，並在漳澎也擁有一定話語權。根據調查資料，金花廟所位於漳澎的三
坊，便聚居著漳澎四大姓之一的趙姓族人，最主要的一支來自於廣州棠溪村。
來自廣州周圍村子的移民更是數也數不清。若家裏期待小孩子的降生，會在金
花誕的時候，到金花廟裏「求」（5 毛錢一張）一張寫著「加封護國天后元君」
的金花紙，護佑全家。

　　金花紙

金花聖母惠福天人。廣東東莞

育——十二奶娘

若要家中孩子聽話、健康、長進，就要去拜祭金花廟裏拜祭十二奶娘。不僅如此，在孩子出生後，母親都會在孩子的床下放一個香爐，代表金花廟裏的十二奶娘，亦叫十二婆姐，每天上香供奉。在漳澎人的生育觀念中，孩子十六歲以前都會受到十二奶娘的守護，到了十六歲，孩子便要「出花園」了，十二奶娘也功成身退地回到自己原來的地方，照顧和保佑其他孩子健康成長。漳澎人的生活十分繁忙，父母一早便要劃 2、3 個小時艇到田裏工作，到天黑才能回家，根本沒有時間照顧孩子。雖然有外婆、奶奶等老一輩照顧小孩，但是小孩子調皮、好動的天性使得老一輩很難看牢他們。因此只能求助於神靈，即金花夫人和十二奶娘，讓神靈幫忙「帶孩子」，讓孩子聽聽話話，不四處亂跑，健康成長。奶娘信仰在福建、臺灣、客家、廣東地區都十分常見，不同地區的奶娘數目可能會有所不同，並常與掌生育的女神（金花夫人或臨水夫人）一起出現。「奶娘」在福建語中是媽媽的意思，至今有些年老的漳澎人仍把媽媽稱作「奶」，可能其有來自福建的祖先。不過大部分的漳澎人稱十二奶娘作「十二婆姐」、「十二婆嬤，且漳澎人的來源相當複雜，也不能以偏概全。

金花廟裏的神並不是全部都與生育小孩和保佑小孩有關，如保壽爺和包公。據六坊的大三女婆婆說：「天護佑，地護佑，六畜興旺人長壽，福如東海長流水，壽比南山不老松。小朋友不拜保壽爺。一家派一個代表來拜保壽爺，就可以保全家人健康。六畜是豬雞狗鴨牛鵝。」另外，打醮時還有一個仙女散花的儀式，白花代表生男孩，紅花代表生女孩。大家都會搶著去撿白花，有些喃嘸佬還會把搶到的白花賣給想生男孩的婦女。〔註15〕

三、求學

古代科舉制度，「學而優則仕」，求學是達仕的唯一途徑。仕者官也，一旦與權力連上，不僅個人榮華富貴，家族也得以光宗耀祖，甚至雞犬昇天。所以，求學，一直是中國傳統社會中祈求社會階位上升的主要動力。不要說王公貴族，讀書是長富久貴的保障；就是在基層社會，「耕讀傳家」，也是鄉紳力倡的

〔註15〕本田野考察實錄由項目組成員、中山大學人類學系碩士研究生區海泳調查撰寫。

優良家風。所以,「天地君親師」,「師」成為繼忠君孝親之外需要奉祀的三大社會代表之一。成為「國師」或輔佐朝政,是很多文人的最高目標。哪怕在鄉村社會,能夠考個秀才,也會大張旗鼓在宗祠前面豎個石碑或夾旗杆;如有高中,更會在祠堂裏掛個金字牌匾。

求學的護持,上有道教的文昌、魁神,佛教的文殊菩薩,下有人間的孔夫子、提筆先師等,儒、釋、道周全。

高考前,父親帶著女兒到文昌塔祭拜文昌和魁星,然後在外面圍欄上繫上一條印有「學業有成」等字樣的紅布條。廣州番禺沙灣古鎮,2017,鄧啟耀攝

1. 文昌紙

文昌帝君又稱「文昌星」,屬於道教之神。戰國時期為掌管行旅的星神,唐代之後被視為科舉守護神,主管功名利祿,也能化解一些由於文書錯誤導致的麻煩。舊時兒童開蒙,需去孔廟「開筆」,也拜文昌;古代科舉和現代高考,都有拜文昌的習俗。拜畢,或將文昌紙符焚化,或加上祈願,捆縛在文廟、文筆塔附近的欄柱上。他不僅是教育業的主管之一,同時又為紙業、書坊業、刻字業、鐫碑業、錦匣業、冥衣業、說書業等共祀。

文昌帝君。雲南芒市

文昌帝君。雲南芒市

文昌化解。雲南保山

文昌帝君。雲南大理

2. 魁神紙

　　魁神也是星神，為北斗七星之第一星，一般稱為「魁星」。魁星神像藍面赤髮，造型像鬼，一手高高舉筆，下有一升斗，意為「魁星點斗」，象徵科舉高中。魁神主文運，故求學求仕，都要奉祀魁神。也用於叫魂，拿個雞蛋，請老經頭在太陽落之前，到病人丟魂的地方叫魂，化紙；回到家的時候，在大門外又叫：「某某某，打失（丟失）在哪裏，就從哪裏回來。咯回來了？」病人回答「回來了！」再燒一張黃紙，讓所有人從煙火上跨過，表示驅趕了可能附在身上的邪靈。

天文魁星。清代〔註16〕

魁神之神。雲南大理

魁神之神。雲南大理

魁神。雲南大理

3. 文殊菩薩

　　佛教的文殊菩薩亦為求學的護持。傳說中文殊菩薩出生時即會說話，智慧超人。文殊菩薩居眾菩薩之首，亦是智慧、文化、學業的化身。佛教在中國影響廣大，士子中尊奉文殊菩薩者甚眾。

〔註16〕來自於公眾號志怪 mook。

文殊菩薩。清代〔註17〕　　　文殊菩薩。民國，北京〔註18〕

4. 孔夫子

　　求學士子的人間護持，孔夫子當仁不讓。由於朝廷尊孔，科舉與儒家不可分離。科舉開考前三天，官方有盛大繁複的祭孔儀式，考生亦奉其為神。

先師孔夫子。雲南大理　　　聖人先師。清代〔註19〕

提筆老師

　　「提筆老師」也是年輕人求學進階上的貴人，所以要拜。

〔註17〕來自於公眾號志怪 mook。
〔註18〕本圖引自美國哥倫比亞大學史帶東亞圖書館編：《美國哥倫比亞大學史帶東亞圖書館藏門神紙馬圖錄》，中華書局 2018 年版，第 6 頁。
〔註19〕來自於公眾號志怪 mook。

提筆老師。雲南大理

四、鎮宅

家屋作為人的生活場所，有防禦與休息的作用；而家屋作為「家」概念的實際載體，裏面充滿了象徵符號。狹義地講，家神是已過世的祖先，也叫家鬼，中國人相信要尊敬死去的家人才能獲得其保佑；廣義地講，家神還包括存在於家空間（屋子）中的、守護家人的神，包括門神、門官、土地神和灶神等。

鎮宅紙

2011 年暑假，我帶中山大學人類學系本科生實習，到廣東省東莞市石排鎮塘尾村做田野考察。由於有十來個學生，我們便在打工食堂搭夥。做飯的村民王瓊芳阿姨，兩個兒子都在讀大學，對同學們格外親切，經常為我們做解暑的米涼蝦糖水。沒事時，還邀請我們到她家玩。她在廚房工作了 5 年，都是一個人做的，月薪 1000 多元。除此之外，阿姨還做製衣（芭比娃娃的外衣），已經工作了 30 多年。她跟我們說有時候做製衣賺的錢比她做廚房的還要多。她跟我們說做 144 件 50 元，她 2 天就可以做 288 件。

民居內張貼的貴人符和鎮宅符

塗上雞血待頒發的鎮宅符。廣東高州

鎮宅符。廣東高州

村民家裏牆壁上張貼的貴人紙。廣東東莞石排鎮塘尾村，2011，鄧啟耀攝

村民家裏櫥櫃裏張貼的貴人紙。廣東東莞石排鎮塘尾村，2011，鄧啟耀攝

田野考察實錄：廣州「出煞靜宅」和「旺宅」儀式

廣州的這類民間版刻作品，不叫紙馬，一般按照儀式需要習稱「XX 紙」，如「貴人紙」「祖先紙」「觀音紙」「百解貴人紙」等等。做工看去像是電腦紙板機器印製的，雖更精緻，但沒有雲南的手工味足，藝術品位遠遠低於雲南紙馬。不過，由於很多內容延續古制，其中蘊含的傳統文化信息還是值得注意的。

2012 年春，廣州 A 家女主人有疾，求醫未見大效。熟人 D 介紹，自家男主人因疾求問 L 法師（習稱 L 師傅或 L 師），所言似有道理，建議試試看。徵得事主和法師同意，在連續幾年裏，筆者參與觀察了 L 法師在廣州某小區主持的一些法事，並抽空做了一些訪談。其中主要有：用於調整住宅風水的堪輿

測算，用於祛病的「除關去病」開壇儀式、「進宅出煞旺宅」儀式、「解犯太歲轉運九宮八卦吉祥如意陣」儀式等。

經電話聯繫，D 帶法師前來。路上，法師詢問病症，推斷說可能與門的朝向有關。如果門朝西北方向開，女主人即易得此疾。到達 A 家，法師拿羅盤一測，門果然在西北方位。他在房間四處看過以後，提出一系列風水方面的整改措施。具體為：封掉西北方位的門，因住一樓，建議從陽臺開門。住房結構不便改動的地方，則用其他方式化解，比如對著臥室門的洗手間，要在洗手間門側黏貼 9 個經過法事的硬幣，對面懸掛一幅有流水的繪畫，洗手間裏放置一些辟邪物。

法師與事主約定，待家宅風水整改後，再擇日給女主人做「出煞靜宅」和「旺宅」儀式。時間選在農曆六月初四（7 月 22 日）下午 1～3 點，並事先用粉紅色紙寫明儀式用品清單——出煞靜宅用品：楊柳枝一條、竹葉一枝、米一兩、硬幣 18 個、新毛巾一條；旺宅用品：燒肉一斤、前豬手 2 個、豬橫利大利各一條（熟）、蘋果 9 個、橘子 9 個、糖仔半斤、米 3 斤、衫 1 件、硬幣 12隻、花生半斤、龍眼一斤、紅棗 2 兩、蓮子 2 兩、利是 18 封、有頭生菜 3 棵、蔥 2 條、蒜苗 2 條、酒 1 支、小杯 16 個、香煙 9 包、香 1 把、小立燭 1 對、元寶 20 對、衣紙 5 疊、金銀紙各各樣錢一些、托盤一個（用來放祭品）、聚寶盆一個（用來燒衣紙），配百解貴人紙 6 張、貴人紙 6 張。

7 月 22 日下午約 1 點，法師到達。他看了房門改造情況，給予認可，提出如果調整原有沙發、餐桌等擺放方位，效果會更好。

稍事休息，法師開始準備儀式。他讓事主填寫百解貴人紙，左側寫家庭地址，右側寫姓名及出生年月日（陽、陰曆皆可）。他自己則動手在客廳地板上擺放祭品。中央為主壇，東西南北四方為分壇。每個壇祭品大致相同：半個蘋果壓在黃紙上，蘋果上插香燭，香燭南方是蘋果、橘子、花生、紅棗、利是封、酒、茶等祭品，分壇酒茶各一杯，主壇則各三杯，另有一個大托盤，放有燒肉、前豬手、豬橫利大利、生菜、蔥、蒜苗、利是封等。

這次使用紙符與「除關去病開壇」儀式大致相似，依然是百解貴人紙為主符，還加量一倍，用 6 張。另外增加貴人紙 6 張，裏面包含三天賜福轉運降鴻寶牒、心想事成符、福祿壽紙、財神紙等。

三天賜福轉運降鴻寶牒　　　　心想事成符　　　　　財神紙

福祿壽紙。廣東廣州

儀式開始，法師依例在主壇請神、呈報。他展開一張用毛筆黑墨豎書在紅紙上的文表，上書：

　　　X宅旺宅大吉大利
　　　宅主XXX生於XX年XX月XX時XX歲　　科甲
　　　宅賢XXX生於XX年XX月XX時XX歲　　科甲
　　　是日喜神在東北方
　　　擇於壬辰歲丁未月甲申日辛未時旺宅大吉大利
　　　財神在東南方

準是除日，除去禍患，富貴吉祥安康，玉皇星高照，鳴炮向東
北方接天乙貴人，XX向東南方接福星貴人，斟酒旺宅，大吉大利
忌　戊X年十五歲、丙寅年二十七歲　遇者勿近
公元二〇一二年歲次壬辰仲夏XX吉時

法師吟誦、拋擲聖杯，得到神靈同意後，讓事主把楊柳枝和竹葉煮的水端
來，用轉運刀蘸水，一邊念念有詞，一邊在房間各個地方淋灑，用以驅邪。

回到主壇，法師用9包紅雙喜牌香煙搭了三個門，依次把香、酒、茶一一
通過，讓事主喝下過關的酒茶。接著，在陽臺設一祭壇，把放有燒肉、前豬手、
豬橫利大利、生菜、蔥、蒜苗、利是封等的大托盤轉移到陽臺，祭獻後，到屋
外焚燒紙符等物。

法師準備祭壇上的紙符。廣東廣州，
2012，鄧啟耀攝

用香煙搭建待過關煞。廣東廣州，2012，鄧啟
耀攝

陽臺上的祭壇。廣東廣州，2012，鄧啟耀攝

焚燒紙符。廣東廣州，
2012，鄧啟耀攝

　　2016 年，有年輕人購置二手房，裝修好後亦請 L 法師做儀式，以消除原房主可能遺存的不潔之物，這個儀式也叫「進宅出煞旺宅」。因為是健康年輕人的儀式，法師交待房主事先準備的祭品，其他皆同前述法事，小杯則從 16 個減為 8 個，香煙從 9 包減為 8 包，有頭生菜從 3 棵減為各 2 棵，小立燭從 1 對增為 8 對，金銀紙明確要 50 張。

　　經 L 師按房主生辰八字測算，儀式於農曆 2016 年 12 月 26 日（公曆 2017 年 1 月 23 日星期一）上午 9～12 點舉行，儀式過程與前述大致相似。在客廳的五個方位擺設「五路財神」、貴人紙及供品。將 9 個紅包放置在床鋪下。

　　儀式過程同前述「進宅出煞旺宅」儀式。有所不同的是，前者事主是老人，現在舉行儀式的是年輕人，所以稍有不同。

法師用轉運刀蘸楊柳枝和竹葉煮的水，一邊念咒，一邊在房間各個地方淋灑。廣東廣州，2012，鄧啟耀攝

在新家客廳東西南北中五個方位擺設五路財神紙、貴人紙及相應祭品。廣東廣州，2017，筆者攝

在主人臥室床墊下擺放九個福字紅包。以上均為廣東廣州，2017，鄧啟耀攝　　過關。　　鎮宅符。廣東廣州，2017

田野考察實錄：廣東東莞漳澎家居神

　　與廟宇不同的是，人們都是在神誕、節日或是有事需求神靈保佑的時候才去廟宇拜祭神靈，但安放在家屋中的神祇，則要每天都進行祭拜，已成為人們的生活習慣。多位婆婆都表示：「一天不拜神，渾身都不自在、不舒服。」這種不自在、不舒服的感覺，來自於每天拜祭家屋神的慣性。可以說，家屋神甚至比廟宇裏的神更能影響村民的生活，因為其與村民生活更為貼近。這種親近感首先來自於家屋。家屋作為「家」概念的象徵物，在費孝通歸納的「差序格局」中，是與自己最靠近、最親密的社會組織，家屋也因此是與人最貼近的私人空間。其二，廟宇裏供奉的神神階位置都比家神高，代表著農民社會中的政府官員，與群眾保持著距離；而放置於家屋中的神祇就像是家人一樣，而家神（家鬼）更是與自己有血緣關係的先人，相比之下與個人更

為貼近。這種親近感，在儀式實踐中表現為祭拜的每天性、儀式和祭品的簡單性上。

此外，從屋外到屋內的神像安放，以及神像安放的位置、排序，都可以看到漳澎人的對「外」與「內」空間的區分與象徵。屋外，是一個充滿不確定性的、危險的、骯髒的空間；屋內，是一個確定的、安全的、潔淨的空間。屋外，游蕩著眾多遊魂野鬼，他們隨時會傷害活人；屋內，有眾神守護，不僅能把遊魂野鬼排除在外，還能為家裏招來福氣、財氣。從外到裏，漳澎人都有固定放置的神祇，下文將按照從門、廚房、天井、客廳到臥室，即由外及裏的空間順序介紹漳澎的家居神。

守門的神

門，簡單地說是一個入口，即從一個空間進入另一個空間的通道。門是一種空間暗示的符號，它的存在表明此處空間屬性發生了某種改變。[註20] 房屋是一個內部的私密空間，與外部（如街道、埠頭）空間有著嚴格的區分。在漳澎人的意識中，外部的空間裏充滿著許多不確定的和危險的因素，如遊魂野鬼和邪神。為了確保家裏的安全，以防遊魂野鬼和邪神這些不好的東西入侵家裏，門便成了第一道防線，因此在門這個空間附近布置的家居神特別多。

門神

像中國大部分地區一樣，漳澎人也喜歡在門上貼門神。貼得最多的是關羽與張飛，以及秦瓊與敬德（尉遲恭）。不過，漳澎人並不怎麼區分兩對門神，也不介意誰貼哪一邊，甚至不知道門神上面的是誰，所以經常有人「貼錯門神」。貼錯門神是粵語方言，因為門神經常是張飛與關羽、秦瓊與尉遲恭等成對出現，對錯了門神會吵架，因此貼錯門神也用來形容兩個人經常吵架。在過去，門神是要刻在門上或者製成刻板年畫掛在門上，現在村民都圖方便而買印刷品貼在門上。印刷廠沒有仔細研究門神的形象，穿戴或者手持的武器該是什麼，所以常常出現張冠李戴的現象。一般來說，關羽手持青龍偃月刀，張飛拿的是丈八蛇矛（下圖）。有些門神畫則不管關羽還是張飛都拿著大刀。對於村民來說，是誰當門神都不重要，只需要其樣子夠兇惡，可以把野鬼嚇跑在門外。有村民還跟筆者作了個形象的比喻：「門神其實就是保安而已，把不好的東西擋在門外。」

〔註20〕徐笑非：《門的解釋》，西南交通大學研究生學位論文，2010年，第1頁。

　　若門上沒有貼門神，漳澎人會用柚子皮和香茅草代替，同樣具有避邪驅鬼的作用。

門官

　　門官，漳澎人認為其是護衛民居門戶的天官，其作用和門神差不多。門官和土地經常寫在一塊紅牌子上，掛在正門外，或者正門左側牆上、或正門右側牆上，如下面的左、中兩圖。清末民國時期，大多數民居在天井與廳堂相連的牆上設置一個方形或者上尖下方的壁龕，裏面安置門官神位，壁龕有多餘的位置放置香爐和供品，現在仍有老房子沿用這種擺法。本來門官土地的作用便是守門，但為了討好彩頭，現在的門官土地神位紅紙上都會寫上「賜福」、「發財」等吉利詞語，但在傳統道教的神祇分工裏，門官土地並不具備該功能，其最大的功能是「護宅」。一位姓袁的拜神婆還告訴筆者，如果家裏有些小事不順，可以念門官經：「有些家庭有災難，要『鎮經』，就要拜門官爺。門官經是這麼念的：『念念門官經，門官土地十分靈。日行千里路，夜靜守門廳，招財進寶入我門廳。門官爺爺，土地爺爺，保安康，保平安～』每天上香都要唱這個，就會保佑家宅平安，穩妥。如果家裏有不好的大事，就要去求籤問卦，看看找哪個菩薩來鎮經。」

漳澎的門官土地。區海泳攝

　　對於漳澎人來說，內與外是兩個不同的空間——屋外的空間是危險的，有許多孤魂野鬼和帶來厄運的東西，而屋內則是一個相對潔淨的地方，只有好的東西才能留在家裏（如後面所介紹的家鬼和菩薩）。因此，門作為連接內外兩個空間的入口，戰略位置極為重要，需要泰山石敢當、八卦鏡〔註21〕、門神、

〔註21〕本文中，「泰山石敢當」和八卦鏡雖然也常置於家屋的外部、大門附近，但被筆者歸入後文的驅鬼物中一項。主要考慮到這二者沒有神像，是石頭和鏡子的「有靈」信仰，漳澎人也很少稱二者為神明。

門符以及門官土地共同把手門口這一關口，為的就是要把危險的、不好的事物全部都隔絕於屋外，以保持屋內的「潔淨」。「門迎百福，戶納千祥」和「驅邪出外，引福歸堂」，都是驅逐邪氣、厄運於屋外，把這些不好的東西攔在進屋的入口外，即門外；然後把千祥、福氣引進廳堂和門戶裏，即屋內。也就是說，人們把符籙貼在門上，就是為了確保屋內空間的潔淨。這種潔淨，包括兩個層面：第一，是相當於屋外而言的，屋外充滿著厄運、邪神惡鬼，屋內不能有這些「骯髒的」東西；第二，屋內是人居住的地方，必須縈繞著福氣、吉祥的氛圍，這些是乾淨的磁場、氛圍，能保佑屋內人平安健康。這種內外、潔淨與骯髒的空間觀，在家屋神的分布於功能中會展現得更加清晰。

門符。廣東東莞　　　侯王座鎮符。廣東
　　　　　　　　　　東莞

天井

　　天井是進入漳澎家屋後的第一個區域，也是溝通房間內外的區域，天井與外界有頭門相隔，與廳堂有正門相隔，形成了一個獨立的功能空間。〔註22〕而在信仰空間中，天井與天空連接，因而是連接「漫天神佛」的地方。具體「漫天神佛」是什麼，村民也是說不清楚的，有玉帝、觀音、七姐七娘、九天玄女等，其實就是佛教和道教裏的眾神。因此，「漫天神佛」的地位非常高，是「最大的」，日常在家裏拜神，首先要拜的便是「漫天神佛」。由於沒有神位，都是對著天空拜祭，然後把香插到香爐裏，所以又叫拜「當天」。粵語中「當」有「對著」的意思，因此「當天」就是對著天空拜祭的意思。

〔註22〕張振江、陳志偉：《麻湧民俗志》，汕頭大學出版社 2008 年版，第 148 頁。

客廳

對比門與天井，客廳在房屋中更具有中心地位，為起居室，常常位於房屋的中間位置。在這個空間裏，擺放的都是在人們心目中等級比較高的神與佛——五方五土地主、祖先神位、觀音或關公。〔註23〕

田野考察實錄：廣東東莞拜地頭與出耗神

廣東省東莞市漳澎村的人家中，都會放著一個「五方五土地主」神位。五方五土地主（當地人亦稱地主土地）指的是房屋土地以前的主人。地主並不是一個確切的人（鬼），而是曾經擁有過這片土地的人（鬼）的統稱。但當地人為了尊敬這些地主，都不把他們稱為鬼，而把其歸為神的一類。廣東省東莞市漳澎村人相信每塊土地都有其原來的主人，當生人買了這塊土地時，便要與以前的主人訂立契約，告訴「他」這塊土地已經被買了下來，這個儀式叫做「拜地頭」。

蓋房子地基打好後也要完成「拜地頭」，即拜五方五土地主。在儀式過程中，將會給「地主」燒大量的金銀紙，也要寫好一張地契（一式兩份）燒給「地主」，最後把另一張地契和儀式用的雞頭一併放入一個瓶子裏，埋在房屋的最中間。這個瓶子所在的位置，便是房子建好後「五方五土地主」牌位，且牌位一般會放在對著客廳的門的地上。牌位上多寫著「地藏天下寶，主納世間財，五方五土龍神，前後地主財神」之類的文字。每逢建屋，包括建寺廟和廟堂，都要進行拜地頭儀式才能繼續動工，否則地主會生氣，把房主一家弄得家無寧日。拜過地頭，安放好土地地主神位，每天按時上香，土地地主便會保護家宅，能清除宅基地裏的妖魔鬼怪，保護居住在此處的人免受妖魔鬼怪的侵害。另外，如果家裏有人「死不好」（意外死亡），鬼魂帶有厄運，土地地主也不會讓其進家，以免其破壞了屋內的好運氣。

漳澎有三種土地：土地廟裏的土地、地主土地和門官土地，三者是有等級劃分的，所負責的內容也不同。根據袁姓拜神婆婆說：「五方五土地主是管屋子的，土地公公是管路的、土地。如果家裏不順，有些人求籤問卦會得出有兩個（五方五土）地主，就要上兩柱香。所以才會說『老地主，嫩地主』。歷史遺傳都是有這個地主爺的。」在漳澎人的心目中，地主土地的級別是高於門官土地的，地主土地管理的是整座房子的土地，而門官土地只需要看好大門。筆

〔註23〕本部分由項目組成員，中山大學人類學系碩士研究生區海泳調查撰寫。

者認為可以用以下比喻來描述三個地主的關係：門官土地是保衛，地主土地是管家，土地公公是村長。

五方五土地主（地主土地）。廣東東莞，2013，區海泳攝

　　在修建房子前，當地人要舉行一個「拜地頭」的儀式。地頭，即地方頭子的意思，是曾經擁有該塊宅基地產權的主人，都是已經過世了的，即鬼。「拜地頭」儀式中最重要的部分就是一張地契，表明主家已經把這塊地買下來了，地主們要承認這張契約並承擔保佑主家的義務，就能一直受到主家的供奉。除此以外，拜地頭也會拜祭房子四角和門外的野鬼，讓他們不要到這塊土地上來。以下為筆者記錄的一次拜地頭儀式：

　　時間：2013 年 7 月 6 日（農曆五月三十）下午 3 點（原定 4 點，但因天氣要下雨，故提前），日子為擇吉擇過的，為「平日」，意為平安的日子。

　　地點：漳澎村五坊二隊龍沖四巷 16 號，儀式地點在其待建房屋的地基上，地基已經打好，水泥地基，房址在其原來的房子的正前方，貼近路邊，面積約 50 平方，兩房貼近，距離一到兩米，地基比原來的房子的地基高 1 米。〔註24〕這座房子是主家給兒子修的新房子。

―――――――――――――――――――――――

〔註24〕漳澎人修房子有個習俗，就是後起的房子要比前起的房子要一點。

屋主：

CZR（男主人）：40 多歲，職業是跑貨船、拉泥沙等

LJF（女主人）：40 多歲，有一份清潔工工作，平時會幫忙丈夫的工作，還是女子龍舟隊隊員

CYK：20 歲左右──子（弟）幫父工作

CJM：20 歲左右──女（姐）廣州一大學的大二學生

儀式主導操作者：袁婆婆，女，70 歲，神婆和媒婆，經常主持拜地頭等祭神儀式，禱詞為其親自編出並自行唱念。原是漳澎三坊人，現居住在莞城。由於對祭神相關的儀式儀程相當瞭解，且與村民較為熟悉，所以經常被請回漳澎做儀式。她在這次的拜地頭儀式中處於主導地位。

儀式協助者：趙婆婆，女，60～70 歲，輔助袁進行儀式，聽隨袁的吩咐；女主人及其女兒[註25]

儀式準備：祭品、儀式用品和地契，這些都由主家人根據袁婆婆所寫的準備清單而提前做好，分別裝在兩個大的籃子裏。

需要準備的食物祭品包括：茶，酒，米飯 3 碗和九碗菜。九碗菜包括一碗燒雞（整雞，包括內臟）和燒肉、一碗燒鴨、一碗只有魚頭魚尾的魚肉，表示「有頭有尾，好事都輪到你」、一碗炸腐竹（也有用炸豆腐塊），祝願一帆風順、一碗旦財仔（海蠣），表示「有子有女，子孫昌盛」、一碗白菜（粵語中菜和財音相似，表示有財的意思）、一碗鳳爪（像雞爪一樣把錢爪住，即掙錢的意思），一碗鹽焗雞和一碗煎蛋，共九碗。拜地頭的九碗菜式可以根據主人喜好而有所不同，但魚頭魚尾、燒鴨、煎蛋、燒肉、雞肉、鳳爪和豆製品是必不可少的。

除了九碗菜以外，還需準備兩個粽子，表示「總要給足你（鬼），大錢小錢都給你」的意思。一鍋糖水，表示「由頭甜到尾」，粥一鍋，表示豐衣足食（粵語中，粥和富足的足同音，表足夠的意思），香水一鍋，即香茅水，可以驅鬼。酒一瓶，煙一盒。另有糖盒，一個鐵皮盒子，裏面有米，糖、生腐竹、蘋果三個，檳榔。據袁婆婆介紹，糖盒是給祖先等神仙的飯後食用的。最後還需要準備雞湯一碗。

[註25] 據大女兒講，拜地頭一般需要家中男性成員參加，因為地契上的簽字需由家中男性成員完成。但因其家中男主人臨時外出工作，其子在跑船，所以由女兒和女主參與，並由識字的女兒代簽地契。

　　儀式用品包括杯子 3 個（開始為瓷杯子，後來發現有兩個有缺角，意頭不好，故換成了塑料一次性杯子），紅色筷子三對。紙折元寶 11 袋，紙錢和各類紙符若干，香，紅色蠟燭若干，香蕉粗梗做的香臺若干，鞭炮，印製的舊式地契兩張，一張紅色一張黃色。

拜地頭準備的祭品

在拜地頭時準備焚化的地契和各種紙符紙錢。廣東東莞，2013，區海泳攝

儀式流程：

　　3：10 女主人與袁婆婆開始擺放祭品，在地基中間擺放一張桌子，桌子位置與計劃中的房間門口在一條軸線上，同時，整個桌子根據房屋的計劃結構，被自然地分出了裏與外，內與外，距離門口近的一邊是外，相對應一側是內，祭品的擺放於裏外有相應關係。三個茶杯擺在最外的位置，往裏面是三個酒杯，旁邊是三幅筷子，再往裏放的是祭品食物，最裏面用香臺插上香和蠟燭，桌子上的香臺上有三支香三支蠟燭，在桌子下面放著粥、香水、糖水

　　3：20 將 11 袋金銀紙準備好，分別在地基四個角落，門口位置各一袋，地基上在桌前兩袋，桌後三袋，另準備好香燭和鞭炮。關於擺放金銀紙的位置，就是儀式中婆婆需要分別念唱禱詞並進行請神等儀式的地方，按照儀式進行順序分別為，地基上面向門口——對應桌前元寶，代表天，即漫天神佛；地基上面向裏面的方向——對應桌後元寶，代表地主〔註26〕，然後是四個角落（從門口往裏看），依次為右裏、左裏、左外、右外——四個角叫拜四周，是拜天兵天將，最後是門口位置——是拜過往鬼神和左鄰右舍等。

〔註26〕地主，即此地以前的主人。袁婆婆接著又說是祖先、伯公伯母，或者土地公，其實意思指代的都是以前土地的主人。漳澎人稱自己的祖先為伯公，有時也用伯公指代已過世的、來到漳澎的先民，是一種擴大祖先的稱謂。拜地頭儀式完成後，這些地主會「榮升」為保佑家裏的「五方五土土地」，獲得神格，成為家裏的土地公。

3：25 婆婆將煙、檳榔片、火柴放在一張紙上，放在桌子前端一角，關於檳榔，袁婆婆說是因為嚼食檳榔的汁水為紅色，色彩豔麗，比較吉利。

3：30 婆婆將一個煮熟的雞蛋剝皮，並準備好雞湯，將剝了皮的雞蛋放入雞湯之中，隨後開始倒茶，發現茶杯有兩個有缺角，所以換成塑料杯，同時準備好香蕉梗香臺，在房間四個角落也準備好香蕉梗，一個幫忙的婆婆將腐竹也放在雞湯中，婆婆開始準備果盒，放於桌子後端角落

同時，主人家女兒開始寫地契，在兩張地契上都寫好房屋的具體位置（廣東省東莞市麻湧鎮漳澎村五坊二隊龍沖四巷）。地契上寫的主人為 C 家主人已經過世的父親，因為地契上不能出現活著的人的名字的。稍後的儀式中會將一張地契燒毀，另一張保存，並與燒毀的地契的灰一同存放在罐子中，並在建築中埋放於地基中，此戶本來已經將準備好的罐子一般用水泥固定在了地基上，但是由於罐口小，不能放入隨地契放入的其他東西，所以後來又換了罐子。關於地契的說法有兩種，一種說法是燒給此地以前的主人，告訴他，此地已經為「我」所有，以後不要來搗亂了，快點離開這裡；另一種說法是燒給自己的祖先，告訴祖先們說自己建了新的房子，以後可以回來這裡，保佑子孫後人。

3：44 婆婆點燃香和紅燭，準備開始進行儀式。

4：00 儀式開始，在桌子後面插上 12 支香和 2 根紅燭，婆婆拿起一摞紙錢，在桌子後面跪下，面向門口方向，開始唱念：「一拜請，二拜請，請到天上玉皇大帝，請到天上觀音娘娘，請到天上天后元君天后娘娘，請到天上三寶法爺，請到天上洪聖王爺爺，請到天上土地公公土地婆婆，請到天上地藏王爺爺王母娘娘，請到天上太上老君奶奶地母娘娘，請到天上南斗北斗，請到天上北帝爺爺，請到天上太陰太卯，請到天上太陰太陽，請到天上雷公雷婆，請到天上車公車母，請到天上九天玄女，請到天上金花夫人，請到天上轉運童子轉運童王，請到天上雞穀夫人，請到天上茅山師傅，請到天上黃大仙爺爺，請啊請到天上醫靈菩薩，請到天上保壽爺爺，請到天上富貴公公、富貴婆婆，請到天上包公爺爺，你又曉陰時又曉陽，請到天上五土地主，請到天上城隍老爺，請到天上七姐七娘，請到天上如來佛祖，請到天上四個角頭四姐妹，請到天上財神爺爺、車公爺爺、關帝爺爺，請到天上 360 位大神，760 位大將。請到天上眾位靈神一起來，今日你坐上靈臺，坐高望遠，坐低望近，上天為本，落地為子民。今日人求我，我求神，求得我出來為子民。（然後報上拜地頭人家的地址、姓名）今日是滿日，今日臺頭擺到（了）九碗樣樣有，慢慢叫你品嘗來。

你食一個鳳凰頭（雞頭），不好跟我這麼多計較，你食一個雞腳趾，你從今以後唔好（不要）沒口齒，你食一個雞尾嘴，你從今以後都沒得罪。你吃一塊肉，讓主人做事很嫻熟，你吃一塊魚，讓主人做事好躊躇（籌備），你食幾條菜，讓主人賺得錢財入滿袋，幸福日子日日來。多有多派，少有少派，各受各領，無謂相爭來。今日得黃金白銀來買此地，讓 X 家門上百無禁忌，今日將黃金白銀交到你手，你要從今以後不要轉頭，你食夠拿夠回山頭去，從今以後都不要回。今天旺過地頭，讓 L 闔家人等百無禁忌；旺過地頭日日好，大病大痛全部好；旺過地頭多興旺；讓 L 家有兒孫福滿堂；旺過地頭多吉利，讓 L 家世世代代無是非；旺過地頭真穩陣（粵語，穩定），他又擲黃金又擲銀；旺過地頭多多好處，又給人丁又給財；旺過地頭有幸福，讓 L 家門上賺金賺銀賺滿屋；旺過地頭有好運，讓 L 家闔家遇財神；旺過地頭多得慶賀，闔家大小住得安寧，老人住過添福壽，後生（粵語，年輕人）住過發財又添丁；旺過地頭主人來住長久地，讓他男男女女住得平安穩，讓他男男女女住得多賺錢銀；旺過地頭多歡喜，闔家大小笑微微。今天保佑 L 家一帆風順全家福，讓他出入平安自然來。神臺有四福，保他好順好運賺錢來，保他賺到錢才快嫁女，幸福日子日日來。保他心想事成樣樣有，讓他闔家大小都住洋樓。……保佑他同人有緣同神有緣，人神共樂多歡喜，闔家歡樂笑微微。拜得神多神保佑，人們安樂啊叩謝神靈（重複三次）。多謝天上玉皇大帝……（按開頭的神靈次序叩謝神靈）」。

　　4：20 念完，撒酒，袁婆婆磕 12 個頭，然後起身，拿著紙錢，在桌前對應天的元寶的位置，點燃紙錢和元寶，開始燒，在燒完一袋紙錢之後，拿出茶杯，將茶潑在桌前的地上，隨後又拿出酒杯，將酒倒在地上，至此，拜天的部分已經結束，關於倒茶和倒酒，必須遵循先茶後酒的原則，因為「先茶後酒，錢財賺到手，富貴又長久」。

　　4：30 開始拜地頭，同拜天的過程類似，唱念內容大致相同，但會突出與地主對話的部分。接著是與拜天同樣的過程，12 支香，磕頭 12 下。在拜完地頭之後，按照前面提過的順序開始拜四周，房間的四個角落，唱念時間稍短，每個地方都要進行燒紙錢元寶、倒茶酒等過程，但四周均為香 3 支，叩頭 6 下。

　　5：30 開始拜門口，拜門口的儀式過程與拜四周相仿，同樣為 3 香 6 叩，但在準備香燭時，另需要準備一個供盤，供盤在當地基本家家都有，據主人家

講，即便不是很信神的家裏，也都會準備這樣一個供盤，供盤大概 70 公分長，30～40 公分寬，是一個木製托盤，托盤底為朱紅色。在唱念儀式之前，需要從供桌上取下雞肉、魚、燒肉、三碗米飯、酒杯茶杯，放在托盤上，茶杯最外，依次是酒杯，旁邊是筷子，再裏面是菜品，最後是米飯，將托盤拿至門口外，路邊的位置放置，隨後才開始唱念儀式。放托盤在門口外的意思是，拿出去這些東西給左鄰右舍的街坊還有過路的鬼吃，告訴他們以後不要隨便進入這家，這裡已經有主人，要蓋房子了。在儀式結束之後，開始燒元寶紙錢，並將沒有燒完的香燭一併扔下燒完，香必須要全部燒完。並將所有的酒倒下，飯全部扔掉，肉扔下幾塊，至此，拜的部分基本結束了

5：50 婆婆將準備好的粥、糖水、香水依次倒撒於房屋的四邊牆、每個椽頭以及主樑的位置，順序為房間四周牆，椽頭，主樑。在倒撒的過程中，仍然進行唱念，大意仍是求神保佑此家平安發財等等

6：20 開始擲聖杯。擲聖杯所有主人家都希望能夠一次就擲出聖杯，如果擲不出，則需要一直擲，直到擲出為止，擲聖杯要兩次，一次面對門口，問天；一次背對門口，問地頭，兩次都為聖杯才可，此次儀式中，兩次都順利的一次擲出聖杯，女主人非常高興，在擲出聖杯之後，屋主同儀式操作者都需要叩頭 12 下感謝天地菩薩保佑。

6：30 開始燒地契，將黃色地契燃燒，紅色的折疊起來，連同雞頭雞尾一起放在一個罐子中，將來要一起蓋入房子中。最後點燃鞭炮宣布整個儀式結束。

出耗神儀式是房子修建完，準備入夥前所要完成的儀式，其意義在於入夥前把屋裏的野鬼都趕走。村民們似乎都不太喜歡讓外人知道新屋做出耗神儀式，所以筆者在田野調查中未能親眼目睹出耗神的全過程。根據六坊 78 歲陳婆婆的說法，出耗神要先拜五方五土地主，然後拜祭房屋的四個角，再到河湧裏放一隻小船，船上插著一支令旗。放小船的時候要念著：「耗神耗神，你有那麼遠走那麼遠。有船坐船，有飛機搭飛機。出過耗神，你快離開屋。現在有柴米油鹽祝賀你，現在我家是真金白銀買回來。出過耗神你就要走，保佑出入平安，身體健康，榮華富貴。」如此看來，出耗神也是一個用錢、食物來打發鬼離開屋子的儀式。〔註27〕

〔註27〕本田野考察實錄由項目組成員、中山大學人類學系碩士研究生區海泳調查撰寫。

土地福神貴人祿馬

　　在廣東村鎮人家門口或祠堂內門側，常會設一個土地福神神位，每天點香祭拜，上貼貴人祿馬（祿馬頭向門內一方）之類紙符，祈望財源福祿廣進，四方貴人扶持，子孫昌隆。

家門左側土地福神神位。廣東順德，2016，鄧啟耀攝

門后土地福神神位。廣東順德，2016，鄧啟耀攝

門口土地福神。廣東順德杏壇，2016，鄧啟耀攝

四方貴人和祿馬。廣東順德杏壇，2016，鄧啟耀攝

四方貴人紙符。廣東順德，2016，鄧啟耀攝　　　貼有四方貴人和祿馬的門口土地福神。廣東順德杏壇，2016，鄧啟耀攝

第六章　酬神：文化英雄與行業神

　　酬神涉及面很廣，主要是和人們生計息息相關的事項，體現為文化英雄與行業神類崇拜。這些神靈，包括與狩獵有關的獵神、獵嗣張仙等，與畜牧有關的水草廄神、六畜糞神等，與農事活動有關的田公地母、五穀之神等，與漁業有關的龍王、巡海本主等，與建築有關的魯班、張魯先師、木神、土神等，與戰爭有關的武神等。另外，還有毛筆行業的祖師蒙恬、釀酒業的祖師杜康、修腳行業的祖師達摩、保鏢行業的祖師岳飛、爐神李耳、醫藥祖師華佗、扁鵲、張仲景、孫思邈等。

一、獵神

　　生活在西部山區、森林和大漠的少數民族，歷史上曾以行獵為生。古老的狩獵文化，留下了許多古風盎然的民俗風情。

　　狩獵又是一種富於刺激、充滿危險的活動，能否獵到獵物，是否會被猛獸傷害，都是無法說得清的事。於是，通過巫術和祭祀活動，引導或祈使神靈幫助狩獵成功，便成了山林民族狩獵常有的儀式。

　　在許多民族中，獵神就是山神，或由山神掌管著山林中的動物和植物。為此，入山行獵，必須徵得獵神的同意；獵獲歸來，也要割取部分獵物祭謝獵神。

　　行獵前舉行宗教儀式，求獵神將野物放到獵場上來，以供獵獲，是許多民族通用的辦法。例如，獨龍族在狩獵前，要在地上鋪一層青松枝或樹葉，放上麻布毯，上置小米、酒、項鍊珠子或用蕎麵捏成的和種野獸形象，祭祀管轄山

林獵場的「仁木大」。主祭人唱道：「今天我們來撐山，請你給大家一些野獸吧！你是野獸的主人，不要捨不得呀！我們辛辛苦苦地來到山上，無論如何你要給我們一些。大家已經把小米、酒、毯子和珠珠給了你了，這些不算少了，都是交給你的酬謝⋯⋯」到達獵場後，還要將麵做的動物獻上，對獵神說：「⋯⋯我們以上述諸物和你換取野獸，熊換熊，虎換虎、野牛換野牛，一點也不虧你呀！」

　　雲南怒族在獵獲較大的野獸以後，也要舉行群眾性的祭祀儀式，並由獵獲野獸者主祭，領唱「獵神歌」：

　　　　獵神啊，顯現吧！

　　　　降臨吧，獸靈！

　　　　　高山上尊嚴的獵神啊，

　　　　　雪山上高貴的獵神啊，

　　　　　　日夜在山梁上巡視的獵神啊，

　　　　　　常年在深谷裏周旋的獵神啊，

　　　　　　今天我到大山上迎接您來了，

　　　　　　今天我到雪山頂恭請您來了，

　　　　　　讓所有的野獸都來相會吧，

　　　　　　讓所有的禽獸都來相聚吧。

　　　　　⋯⋯

　　自稱「烤虎肉吃的民族」的拉祜族，專有每年一度的祭獵神「沙尼」的節日。農曆三月屬牛日，雲南金平縣拉祜族要由全寨共祭獵神，祭時殺雞，求獵神保佑狩獵豐收，人身平安。臨滄拉祜族祭獵神時，要將野獸剖腹，其一點內臟和肉，放在地上，用小木棍邊敲竹筒邊念：「我不是有意打你，而是你碰著我。」請求獵神不要怪罪於他。他們還有一種「獵虎舞」，即是在重大的狩獵祭典上跳的舞蹈。

　　苦聰人正月第一個牛日的祭龍節所祭的神樹，是龍林中最為高大的一棵。據民間傳說，這是捨身治服吃人龍神的老獵人的化身。人們祭龍時同時也祭被神化了的老獵人。而且，在節日來臨之前，各家各戶還要集中在山坡上，聽巫師安排之後，紛紛到溝箐、樹林、田地裏去射獵和捕捉各種鼠類，曬成乾巴，用以祭神。因為，據傳說，老獵人就是用鼠治服龍神的。

有的民族，雖然不再以狩獵為生了，但在某些特定的宗教節日或祭祀活動中，仍保留了某些與狩獵有關的祭式。例如，剽牛是佤族宗教節慶活動的重要內容，剽牛的情形，很像是一場原始狩獵場面的再現。剽牛前，巫師「魔叭」一邊念咒，一邊手持利刀，在預定時辰將牛尾巴一刀砍掉。與此同時，蹲伏在四周的人們立刻蜂湧而上，利刃齊下，很快將一頭活牛砍成數段，分搶而光。獵取牛頭或獲肉最多的人被奉為英雄。他換上紅包頭，被身沾牛血的人們抬起來圍攏狂舞，好像他們殺死的不是一條馴養的家畜，而是一頭兇猛的野獸。

有的地區的傣族在每年的賧佛大會上，還要表演一種由龜、鳳、鹿等動物出場的擬獸舞。舞蹈中出現一個持弓握刀的獵人，追逐這些動物。龜鳳等逃脫，獵人繞場逐鹿，作出種種搏鬥的樣子，最後將鹿射倒。

農曆二月一日，宜良九鄉彝族過獵神節，獵神屬村寨公有，不用偶像。鹿子前蹄縶青松毛，弔在卜選出的哪家供桌上方，就象徵獵神已到他家，今年由他「值年」。二月初一吃過早飯，獵手們背槍喚狗，來到平時禁入的「密枝」神山，先由上屆「值年」主持，用樹枝卜選出本屆「值年」，然後由新「值年」主持，殺豬宰羊祭祀。禮畢，老年人留下操辦伙食，年輕人聽牛角號號令，一齊出動，上山圍獵，獵獲野物抬回共享，晚上就在密枝林裏野餐。其餘按人頭均分，帶給家人。獵神節的圍獵活動，一般邊疆進行三至五天，興盡始歸。

獵神

白族的獵神杜朝選，是位除蟒英雄。此人神通廣大，據說有一次渡船忘了帶錢，就用手杖將洱海戳了一個空洞，盛產弓魚，以代船費。在他生日那一天，弓魚的產量還會更高。相傳古時周城神摩山箐裏有一大蟒蛇，每年要吃一對童男童女。獵神知道後，便身背弓箭，手持寶刀下箐除蟒，射傷了巨蟒。後來，他遇見兩位為蟒妖洗血衣的年輕姑娘，知道她們是被蟒妖攝入洞內淫亂受害的人，便與她們一道，進洞盜取了蟒妖的寶劍，殺死了蟒妖。所以，當地村民把他奉為本主，每年農曆正月十四到十六這三天，人們便要抬著他的塑像遊村歌舞，慶賀獵神本主的生日。

獵神。雲南保山

獵神。雲南大理

獵神。雲南大理

獵神。雲南德宏

獵神。雲南騰沖

獵神。雲南騰沖

獵神。雲南畹町

金甲獵神

獵神。雲南大理

獵嗣張仙

獵嗣張仙。雲南華寧

二、畜牧神

　　水草豐美，六畜興旺，是畜牧民族共同的祝願。馴養的牛馬羊等牲畜，是西部各族日常生活和節祭活動中最常見的角色。早在遠古時代，西部最早的居民，就在崖壁上用銳石刻鑿或以牛血和礦粉做顏料，繪製出了許多馴養動物的圖像，牛羊是其中常見的內容（如內蒙古、新疆、雲南等地的岩畫）；在青銅時代，牛和牧牛，包括馴馬、養雞、帶狗狩獵等，是古滇民族鑄以永久的重要形象。直到現代，許多民族還喜歡在房頂和穀倉飾以牛角，在門旁掛滿牛頭骨，或在牲畜廄門貼「廄神」「水草廄神」紙符。他們的年節祭會活動，有關畜牧的種種習俗和祭禮，更是比比皆是。

　　雲南大姚彝族春節第二天要祭的就是牧神。牧神是牛神、羊神、馬神的泛稱，指主管六畜之神。放羊是當地彝族的主要營生之一，所以祭牧神以祭羊神為主。正月初二，牧人帶上食物到山上野餐，餐後在兩棵大樹間燒一堆火，讓所有的羊群、牛群及其他牲畜從火上躍過。這是一件頗為費力的活兒。驚恐的牲畜，似乎並不知道這火是消災除瘟，如火興旺的象徵，勇敢躍進；而是本能地退縮避讓，不讓火焰燎到自己的皮毛。牧人們這時非常賣力，齊心合力，連喝帶鞭，人人汗流浹背，似乎此刻進行的「過火」儀式，關乎著畜群一年的命運。畜群被逼著跳過火堆，牧人中的長者興奮地念著「路捏底」（祭牧神）祭詞，以此除邪：

> 放牧神呀你請聽，
>
> 房前屋後你保護，
>
> 放牧路上你保護，
>
> 豺狗抬羊你護羊，
>
> 羊過岩腳下，
>
> 莫給岩石來打著。
>
> 今天是正月初二，
>
> 是祭羊神的日子，
>
> 祭了放羊神，
>
> 羊群會興旺。

　　附近永仁彝族農曆正月初二是放牧節，節日的一個主要活動，是叫牛魂。叫牛魂這一天，全村的牛羊都要餵鹽，放牧者各自帶上酒肉飯菜在一起野餐，由村老或畢摩給牛、羊、狗叫魂，念唱「叫牛魂」祭詞：回來，牛回來，牛魂回家來……接著，一一歷數牛可能到過的地方，呼喚牛魂回來：還歷數牛的「譜系」。末了再唱：

> 牛魂回來後，
>
> 牛神來主事，
>
> 來作眾魂主，
>
> 主得周全時，
>
> 糧食吃不完，
>
> 衣祿享不盡……

　　納西族的牧神，麗江叫「諾布」，吃素，祭在農曆三月；三壩叫「得扎畢」，吃葷，祭在農曆六月。祭「諾布」在灶房，以麻子、米飯等作祭品。祭時將它們盛在一面簸箕裏，上搭一個糧架，上掛麥穗、稻穗和牧草，置兩副小連枷、一把括板、一口盛食鹽水的小木槽。當用石子代表的十八個「諾」神（家畜之神）請來後，就給羊餵鹽水。「羊」通常用青松果代替，主祭人模仿羊叫，並把糧架上的東西卸下，作打連枷的動作，同時吟誦祭詞。祭「得扎畢」在山上，全村共同舉行，日子由東巴卜卦算定，祭品用一豬一雞，由全村共出。其他祭品各家自帶。祭祀日，全村把牲畜全部趕到山上。主持祭祀的東巴在山上鋪開白披氈，立三個石頭，插松、柏、栗樹枝，把大米、包穀、茶、酒供在壇上，先撒天米、撒包穀、敬酒、茶，然後念經，念完經殺豬、雞，把血淋在祭祀石頭和松柏栗樹枝以及附近的石頭樹枝上，供一半豬頭，並把豬五臟和肉各切一小塊掛在松、柏、栗樹枝上，其餘的參祭者分，等東巴念完經和咒語後，在祭壇上共進野餐，祭詞誦說牧神來歷、禁忌、供獻過程及求神靈保佑牲畜平安無病，咒語是咒各種妖蠱病鬼，以及牲畜吃後會病的各種植物。

　　定居農耕，使野地游牧的規模漸小，定居放牧及蓄廄餵養的比重增加，豬，便是「廄養文化」的主要角色。於是，作為牧神副產物的畜神也應運而生，它的主要面目是豬（或管豬）。

水草圈（廄）神

　　凡養雞養豬，臘月三十晚上過年前，要在家畜廄頭欄邊，焚燒一張，張貼一張水草圈（廄）神。遇到豬瘟也要燒。

貼在畜廄門口的「水草廄神」紙馬。雲南巍山東山鄉啄木朗村，2012，筆者攝

水草圈神。雲南巍山

水草捲（圈）神。雲南大理

水草捲（圈）神。雲南巍山

水草捲（圈）神。雲南巍山

水草大王

水草大王是東方神，管吃草的牛馬羊。

水草大王。雲南大理

水草大王。雲南大理

圈（廄）神

主管六畜興旺，祭獻廄神，用一碗飯，一個雞蛋，一份粿（黃粿白粿各一個），三對廄神紙符，在廄門燒。人如有沖犯廄神，會心神不定，需要祭獻，在廟裏燒。

卷（圈）神。雲南騰沖　　卷（圈）神。雲南畹町　　卷（圈）神。雲南保山

圈神。雲南德宏　　　　　棬神。雲南保山　　　　廄神。雲南祥雲

（草）仙

草仙紙符的圖像，幾乎就是前面圈神的套用，其功能，也很相近。草仙又叫水草大王，顧名思義主管水草及野生藥物生長，祭祀它酬神還願。據雲南騰沖紙火鋪老闆說，印有一男一女兩人的「草仙」又叫「花草二仙」，如果身體「不潔」，也有認為是衝犯了草仙，要唱一晚的皮影戲來解。

草仙。雲南騰沖　　　　（草）仙。雲南騰沖　　　　（草）仙。雲南騰沖

六畜大王

　　昆明、麗江等地的白、納西和漢族，二月九日（或十九日）有豬王節或豬王會，祭豬王菩薩。祭祀者於做會當天，在豬王廟前的豬王雕像前殺豬一頭，將血儲於大瓦盆中。各村養豬戶，自帶草繩（或蠶豆）及祭品，到豬王廟將繩交繪祭司，祭司把繩套於豬王雕像脖子上，祝完，將繩解下，在瓦盆中沾點血，求祭者帶回家擲入自家豬廄中，這叫「拴豬」，意為已在豬王菩薩那兒牽了「內線」。豬王菩薩經此「劃線站隊」之後，自然會對「沾親帶故」者格外照顧，肥豬滿廄了。與此相似，牛王、馬王、六畜糞神等，也是民間常祀的大神。年三十晚上，根據各家情況，選擇貼在廄門上。

牛星水星大王六畜興旺。雲南大理　　　　六畜大王。雲南大理

六畜糞神

六畜糞神。雲南大理　　　六畜糞神。雲南大理　　　六畜糞神。雲南大理

豬王

　　雲南省鶴慶縣金墩區白族每年農曆三月二十一日舉行豬姑娘節。當地白族的主要副業是養豬，他們認為，豬的生長繁殖是由豬神來掌管的，因此，要定期舉行祭祀豬神的活動。祭祀時，找一個竹籃，籃內放一碗米飯，將籃子擺放在豬圈門前，再點上香，人們在豬圈外不停地跳躍。所以，祭祀豬神的活動又叫跳豬姑娘。當地白族認為，這樣跳躍，能達到祈求豬神保佑豬生長好，繁殖快的目的。有的地方，還把豬神塑成泥豬，供奉到本主廟中；或印製牛王豬王紙符，祭祀時焚化。

豬王。雲南昆明　　　豬王。雲南昆明　　　豬神。雲南大理　　　豬王之神。雲南大理

馬王

　　很多行業都祭祀馬王。軍隊騎馬打仗，商販用馬馱運，旅者乘馬車雲遊，農民打場拉木更是離不開騾馬。馬王來歷，一是房星（天駟星）；一是漢武帝時的匈奴王子，入朝留居，曾任武帝的馬監；三是殷紂王之子殷郊。

馬王之神。雲南大理　　　　天駟馬王。雲南大理　　　　馬王。雲南大理

水草馬王。木板水印，清末，北京〔註1〕

牛王

　　農業社會最重牛，牛不僅是主要耕畜，鹽場、磨坊等也以牛作畜力。涉牛的行業很多，如牛醫、牛販、牛角工匠、牛皮鞣製、牛肉餐館等。牛王有說是孔子門生冉伯牛、使盜賊棄兵務農的渤海太守龔遂、丑宿星君等，也有的地方的牛王並無實指。各地多於農曆十月初一舉行祭祀牛王的活動，以報牛一年耕作之功。〔註2〕

〔註1〕引自蕭沉博客：《俗神》http://xiaochen.blshe.com/post/78/503808，2010,2,11。
〔註2〕李喬：《中國行業神崇拜》，中國華僑出版公司1990年版，第328～331頁。

牛王之神。木板水印，清末，北京〔註3〕

雞王

雞是一種習見的家禽，因雄雞啼而天明，人們認為其性陽，有靈性，故祭祀、占卜都用雞；喪葬時，為了驅除陰氣，也要用公雞掃壙。

雞王之神。雲南大理　　　　今雞同仙。雲南大理

牧羊七哥

傳說有位放羊哥，不慎丟失了一隻羊，主人家賴他偷吃了羊。他委屈地死在山上，死後化成精靈保佑放羊人。雲南巍山、彌渡等地的彝族也把他作為歌神來崇拜。

〔註3〕引自蕭沉博客：《俗神》http://xiaochen.blshe.com/post/78/503808，2010,2,11。

牧羊七哥。雲南巍山　　　　牧羊七哥。雲南巍山

三、農神

　　也許，在以農業為立國之本的中國古代，再沒有什麼節祭儀典比農事祭祀更多更複雜了。自古以來，有關農事的四時八節及其各種形式的祈報活動，不僅流行於民間，皇室官府也極為重視，常親臨設祭。稷神之祭和社神之祭同為百祭之首，「社稷」成為國家的代稱，足見農業的重要位置。

　　農神祭與農事活動緊密對應，多與時令、節氣和物候變化相關，並通過某些特定象徵物象來展示，例如耕牛、青苗之神、五穀之神、田公田母等紙符。

　　春夏間的農事祭祀，主要以「祈」的形式出現。雲南古代青銅器上，形象地記述和刻畫了古滇族舉行「祈年」儀式的情景。立春日，往往是許多民族農事祭祀活動的開始。哈尼族稱立春為「胡息俄及」，意為新春的雷聲。白族立春前的蛇日過插柳節。眾人沿河列隊踏歌，每十二步插一枝柳，以柳枝的頑強生長能力和與月份相應的「十二」吉數，來象徵和祈求一個好的開端。播種前的祭祀，依各栽種節令和物候變化而有所不同。雲南紅河哈尼族「里瑪主」節，是祭祀傳說中為神傳春天信息的使者布穀鳥；彝族、拉祜族、傈僳族等每年春夏或破土下種前，都要舉行儀式，祭獻穀神或「叫五穀魂」。

　　夏天的農事祭祀，以祈雨、除害、保苗為主。鎮雄縣彝族的白龍會，麗江縣納西族的黑龍會，中甸縣藏族的祭龍王，昆明市白族的祭龍，通海縣蒙古族的祭「阿扎拉」女神，等等，均屬祈雨性質。昆明彝、漢等族六月青苗會、楚雄縣彝族六月祭稻，猛海縣哈尼族祭穀禾，麗江縣納西族四月祀先農（夏生日），等等，則兼有除害保苗，祈望豐收的含義。儀式往往是象徵性的，除了

殺雞獻祭谷神或土地神之外，還有一些相應的活動和禁忌。例如，高寒山區的民族，即使正當盛夏之時，也怕有意外的「寒流」（雲南有的山區，穀物揚花灌漿時常遇冷空氣侵襲，影響收成），所以，他們有燃火照田之俗，以火壯「陽」。並通過一些祭儀，將穀物託付給神。

秋天穀物收穫前後的主要農事祭會，以「嘗新」、「報祭」為多。古代秋祭皆為大祭，輕則殺羊剽牛，重則以人為牲，規模宏大，儀典隆重。收穫後的祭祀各民族稱謂不一，儀式各異，但總的都是對谷神或農神的祭祀。通海縣哈尼族的收穀祭，鎮沅縣拉祜族的祭倉龍（谷神），彌勒縣彝族的祭五穀神，麗江縣納西族祭豐收神，直接祭谷神；昆明白族則先祭主宰天地人三界十方萬靈的大神，九日後再祭五穀神和牛王。這些民族認為，如果不祭谷神，糧食收得再多，也不經吃，留不住，易被鼠雀糟蹋或黴壞。嘗新祭，是秋天的農事祭祀中最常見的祭祀，並日愈世俗化為一種流行的節日。嘗新的風俗，各民族各有異趣。

冬天農閒，農業民族講究因時順氣，天人對應。冬天屬陰，處於「藏」、「養」階段，其節也多與此相關。「冬養」養人，也得養牛。對取得豐收的農民來說，最難忘情的自然是耕牛。雙柏彝族的冬至節，由此而變成了「水牛節」。這一天，人們要用臘肉、鹽巴、米飯等餵牛，表示對辛苦一年的耕牛作酬勞。

青苗之神

播種後，為促禾苗順利轉青，需祀此神。祭祀青苗之神，多在春夏或大小春農作物返青之時。

青苗之神。木板水印，出自清末，
北京（日本人收藏）〔註4〕

〔註4〕引自蕭沉博客：《俗神》http://xiaochen.blshe.com/post/78/503808，2010,2,11。

田公地母

田公地母是稼禾之神，一般在栽秧、串田、火把節、吃新穀和老鼠咬穀的時候，備香火、水果和三牲到田頭祭獻。田頭四角燒了，撒四把灰，老鼠就不會咬秧。大理地區還有專門的「地母會」，時間在農曆七月十五日和十月初八。七月十五日中元節祭祀「地母」，可能和陰司之事有關；彝族火把節也燒，配喜神紙、財神紙、招財進寶、樹神紙和火神紙一起燒；十月初八祭祀「地母」，已是秋收結束，應當具有酬報之意。不過，傳統民間信仰和道教心目中的大地，不僅僅具有自然屬性，它們同時也是區域符號（如鶴慶縣修邑村白族把「地母」祀為本主。〔註5〕有的「田公地母」紙符加上「水口神」，稻作文化的特色更加凸顯。

田公地母。清，雲南騰沖　　　田公地母。清，雲南騰沖

田公地母。雲南巍山　　田公地母。雲南巍山　　田公地母。雲南巍山

〔註 5〕楊郁生：《雲南甲馬》，雲南人民出版社 2002 年版，第 46 頁。

田公地母。雲南巍山　　　田公地母。雲南巍山　　　田公地母。雲南巍山

田公地母水口神

田公地母水口神。雲南　　　田公地母水口神。雲南
大理　　　　　　　　　　大理

田公地母五穀太子

田公地母五穀太子。雲南昆明

倉庫之神

秋收後，倉儲滿。糧食存放的安全，是農民辛苦一年特別要考慮的事。除了做好防火、防黴、防蟲、防鼠的基礎工作，祭祀倉庫之神也是第一要務。

倉庫之神。木板水印，出自清末，北京（日本人收藏）〔註6〕

太倉之神·民國，北京〔註7〕

四、漁神或海神

中國南方沿海地區的海神或水神崇拜比較普遍，比如守護漁民出海的媽祖（天后聖母）、洪聖公等。關於海神信仰的表現形式也較多，從福建、臺灣延及東南亞，有關「媽祖誕」「天后誕」「波羅誕」「開海節」等方面的祭儀，規模都很宏大。

西南地區山多，河流多，平地少，不靠海，但人們習慣把高原湖叫做「海子」。一個「海子」就是一個魚米之鄉。人們對「海」的敬仰，特別是靠「海」為生的漁民對「海」的崇拜，也不知不覺滲透在民間神話傳說和節祭活動之中了。在青藏高原和雲貴高原，聖湖崇拜或靈湖崇拜，和神山崇拜一樣流行。兩地不同之處是，在青藏高原，由於藏傳佛教不主張捕魚，所以很少有「漁民」這樣一個群體，他們對於湖泊的宗教信仰以藏傳佛教化的聖湖崇拜為主；而在雲貴高原，捕魚在許多近湖而居的族群中，都是一種生計行為，並由於各民族

〔註6〕引自蕭沉博客：《俗神》http://xiaochen.blshe.com/post/78/503808，2010,2,11。
〔註7〕本圖引自美國哥倫比亞大學史帶東亞圖書館編：《美國哥倫比亞大學史帶東亞圖書館藏門神紙馬圖錄》，中華書局2018年版，第184頁。

歷史傳統、社會模式及文化形態的不同，呈現不同的面貌，他們對於湖泊的民間信仰，則以靈湖崇拜為主。

雲南紅河哈尼族創世神話，把魚說成是化生萬物的神物；金沙江傣族農曆三月七日的「窩巴節」，意為魚的聚會，節日裏最莊嚴的活動是祭青魚哥和紅魚妹，用葫蘆勺盛酒舉行祭獻。這些生活在江河邊的民族對魚的感情，是否與漁神之祭有關，尚不十分肯定；它們更不可能像沿海漁民的種種祭漁神的活動一樣，使漁神具有明朗的形象和明確的功能。高原民族，雖不乏種種「魚神魚怪」，但真正的「漁神」，還多是面目模糊的。

如果說，世世代代在洱海以漁捕為生的白族漁民祭祀神、祛祓魚怪，是一件很自然的事的話，生活在通海縣杞麓湖畔的蒙古族，崇拜指點他們以漁謀生的老仙家，就顯得別有一番意味了。元朝滅亡後，落籍雲南的蒙古族生活沒了著落，到處漂泊。到了通海，面對茫茫大水，正歎無路，只見水上漂來一張犀牛皮，上面站著一位老人。老人帶了兩個族人到湖裏，指給他們看一座托在魚背上的金房子。經此指點之後，雲南蒙古族學會了捕魚捉蝦，終於在湖畔定居生存下來。為了紀念這一傳說中和現實中的重大轉機，他們用北方蒙古語繪這個湖取了個名，叫「杞麓」（意為「清澈的」、「有漩渦的」）；又在小娃娃戴的帽子上，飾以有「魚抬寺」和湖神「老仙家」圖像的金屬牌，讓後人永遠記住這一生活方式轉折的契機；每年做「地會」時，他們還要化裝成漁家表演划船蕩舟，似乎是對他們在再生之地的生活方式作象徵性禮讚。當然啦，至於他們的捕魚本領，那是沒說的。他們網、鉤、叉、撮，無所不精。過去人稱「三村漁夫」，「魚不去，米不來」；現在是魚米同來，肉飯齊香了。

夫人紙

在南方沿海地區，經常有「夫人」小廟隱匿鄉間。這些「夫人」，有的是名將之妻，有的是護生娘娘，有的是終身不嫁的貞女，皆因「心懷社稷，澤被蒼生」或有海難時救人而被供奉。珠江三角洲地區素有祭祀漂物（如屍體或木頭等）的習俗。如廣東台山臨海村落漂來一塊木頭，久久不去，村人將其雕為神像，就地建廟供奉，曰「松九夫人」。廣東開平倉東村的夫人廟傳說建於明代，原是王母廟，后倉東村民晚清時改祀「松九夫人」。周圍一帶村民來此上香、求籤，為出樣謀生者祈求平安。婦女更是經常到此，祈求遠行的夫君或兒子早日踏上歸程。十分靈驗，遂更名為夫人廟。

夫人廟。廣東開平倉東村，2018，鄧啟耀攝

松九夫人像。廣東開平倉東村，2018，鄧啟耀攝

夫人廟紙符和雕版

田野考察實錄：廣州南海神廟「波羅誕」

據地方志記載，南海神廟始建於隋開皇十四年（594 年），距今已有一千四百多年的歷史。自隋文帝開始，南海神廟已是歷代帝王的祭海之地。南海神誕又稱波羅誕，誕期為每年的農曆二月十一日至十三日，其中農曆二月十三日為正誕。從明代開始，南海神廟所在的扶胥港作為商業港的作用已經消失，但

波羅誕廟會並沒有隨港口的衰落而萎縮，反而祈福熱鬧的氣氛有增無減。到了清代，是波羅誕廟會最盛的年代，逛廟會、遊波羅被當地人視為一年中的頭等大事之一。〔註8〕然而由於民國初年政局動盪，爾後再加之於 1938～1945 年日軍佔領廣州期間，以及經歷了 1966～1976 年「文化大革命」之後，南海神廟及眾神像遭到了嚴重破壞，波羅誕廟會也隨之式微。直至 1989 年，由廣州文物考古所主持，重塑了南海神祝融像。1991 年 3 月 26 日～28 日，由廣州市政府主持，恢復了波羅誕廟會並延續至今。每年廟會期間，至少有超過二十餘萬人次前來燒香叩拜。1995 年，神廟附近的十五鄉鄉民代表主持，重塑了「五安神像」〔註9〕。2010 年，在波羅誕展演巡遊中又相繼恢復了由十五鄉鄉民自發組織的「五子朝王」〔註10〕儀式。

　　南海神廟主神供奉洪聖大王像（即南海神祝融），他的五個兒子稱為「五安神像」，分別在鄰近十五鄉〔註11〕的祠堂內供奉，每三個鄉輪流供奉一尊神像。其中大安神像由夏園、墩頭基、正心街三鄉供奉，元安神像由南灣、東灣、東平坊三鄉供奉，始安神像由沙湧、鹿布、大小塘頭三鄉供奉，長安神像由雙崗、沙浦、華坑大莊供奉，祖安神像由廟頭、西湖、貫街供奉。

　　隨著對相關文獻資料閱讀量的增多，筆者發現對於南海神廟波羅誕廟會儀式多以介紹性記錄為主，而在波羅誕儀式過程中，作為溝通人與神之間的重要媒介——神像，是如何與一般塑像相區別，並如何在儀式中獲得靈性的？參與儀式的不同群體，對於神像的靈性又是如何界定的？以上一系列在宗教藝術研究中所關注的核心問題，在波羅誕儀式的相關文獻中仍鮮有論及。筆者於

〔註8〕據清嘉慶年間的舉人崔弼所撰的《波羅外紀》中對清代波羅誕廟會的記載可知，清代是波羅誕廟會最盛的年代。

〔註9〕根據地方文獻的記載，「五安神像」為南海神祝融的五個兒子，從大到小依次是大安、元安、始安、祖安、長安。南海神祝融像供奉在官方祭祀場所南海神廟的正殿中，而「五安神像」則在分別供奉神廟附近十五鄉的五座祠堂中。

〔註10〕「五子朝王」是波羅誕期間最為壯觀的活動，也稱「四方會景」，是將供奉在附近十五鄉村的南海神的五個兒子的神像（由大到小依次為大安、元安、始安、長安、祖安），十五鄉分為六大方陣，由儀仗隊開路，五案（安）組成五個方陣，抬著各案（安）的神像和標旗、羅傘、供品，在正誕日一齊抬到南海神廟，在廟前廣場集中。由主祭人宣讀祭文，各領隊齊向南海神敬香，寓意五子拜見父王，為其賀壽。最後各案（安）方陣再將神像抬回，繼續巡遊。其熱鬧喜慶的景象把波羅誕廟會的活動推向高潮。

〔註11〕這十五個鄉分別是：夏園、墩頭基、正心街、南灣、東灣、東平坊、沙湧、鹿布、大小塘頭、雙崗、沙浦、華坑大莊、廟頭、西湖、貫街。

2011 年年底有幸參加了國家重大社科基金「中國宗教藝術遺產調查與數字化保存整理研究」課題組以後,在南海神廟及廟頭村進行了兩次為期近三個月的實地調查。初次田野調查時間為 2012 年 7 月 12 日至 2012 年 10 月 6 日,第二次田野調查時間為 2013 年 3 月 7 日至 2013 年 3 月 28 日。經過調查後瞭解到,神像在波羅誕儀式過程中擔負著重要的角色,在當地人的日常生活和社會關係中更佔據了厚重的分量。本研究中所涉及的神像主要是南海神祝融像和「五安神像」。本文所調查對象人名,出於保護個人隱私的目的,採用姓加拼音字母表示。

相關背景描述

南海神廟位於廣州市黃埔區穗東街廟頭村,地處廣州市東部的珠江北岸,瀕臨南海,屬於珠江水系河口區範圍。南海神廟地處低緯,屬南亞熱帶季風氣候區,夏季高溫、高潮、多雨,冬季低溫、乾冷與陰冷天氣交相出現,年平均氣溫為 21.4〜21.9 度,年降雨量平均為 1623.6〜1899.8mm。〔註12〕

今南海神廟佔地面積 31648 平方米,規模宏大,主體建築是一座五進的殿堂,附屬建築均以五進為中心,形成左右對稱之勢。南海神廟是一座典型的中國傳統廟宇建築,其建築風格為明清互融,宏偉壯觀且古樸素雅。從海不揚波石牌坊算起依中軸線由南向北分別為:頭門、儀門(和復廊)、禮亭、大殿和昭靈宮等。另外還有華表、石獅、韓愈碑亭、開寶碑亭、洪武碑亭、康熙萬里波澄碑亭、東西廊廡、關帝廟及浴日亭等附屬建築,共同形成一組頗具規模的建築群。

「波羅誕」即南海神誕,是嶺南地方傳統文化中一項頗為隆重的民俗狂歡活動。每年的農曆二月上旬,廣州地區附近的城鄉居民都絡繹不絕地前來神廟參神祈福,俗稱「遊波羅」。波羅誕期間最為壯觀的是在正誕日舉行的「五子朝王」儀式,即將供奉在神廟附近十五鄉的「五安神像」一齊抬至神廟,拜見父王南海神,為其祝壽。在調查中,常聽神廟附近的村民提起南海神和他的五個兒子的故事。

「傳說啊,南海神祝融有五個兒子,都以『安』字命名,從大到小依次是大安、元安、始安、祖安、長安。很久以前的某年夏天,有一天海水上漲,從上游漂來一根木頭,到了南海神廟前,任憑洶湧的波濤怎麼衝擊,都是紋絲不

〔註12〕中國天氣網,http://www.weather.com.cn/cityintro/101280101.shtml

動喔。於是，鄉人就將這根木頭鋸為六段，頭段塑洪聖大王像（即南海神祝融），其餘五段分別塑他五個兒子的神像，稱為『五安神像』，分別在鄰近十五村的祠堂內供奉。其中大安神像由夏園鄉供奉，元安神像由南灣鄉供奉，始安神像由沙湧鄉供奉，祖安神像由大小塘頭供奉，長安神像由雙崗鄉供奉。從明代開始，這五位小海神平時就在各自的殿裏享受民間煙火，到了『波羅誕』正誕之日，則由十五村鄉民將之抬到南海神廟中庭，向南海神祝壽，稱『五子朝王』，也稱祭海神。一年一小祭，三年一中祭，五年一大祭。祭祀完畢，各神像則由各鄉抬回。神像返鄉後，各鄉自設祭壇，大人小孩雲集接神，並舞龍舞獅助興。『五子朝王』是波羅誕的高潮呀。」〔註13〕

　　這個在當地鄉民中耳熟能詳的關於南海神和他的五個兒子的故事，引起了筆者探討儀式、神像和靈性三者之間關係的濃厚興趣。神像在儀式當中充當著什麼樣的角色呢？為什麼神像要塑造成這個樣子呢？人們是怎樣定義神像的外表的呢？神像的外表又與人們賦予它們的靈性有何關係呢？段玉明在《相國寺——在唐宋帝國的神聖與凡俗之間》一書中指出：「造像和壁畫屬於藝術的範疇，可以放在藝術的審視裏加以討論。但寺院造像和壁畫不應該只被視為是一種藝術——乃至藝術的審視還在其次，它們首先是一種元素，一種構成寺院的元素與構成寺院的其他元素（如建築、儀式、僧眾等）同等重要。」〔註14〕布迪厄認為「藝術品價值的生產者不是藝術家個人，而是作為信仰的空間的生產場，信仰的空間通過生產對藝術家創造能力的信仰，來生產作為偶像的藝術品價值。〔註15〕布迪厄在此引入了「場域」的概念，注重從關係的角度對文化產品的生產進行思考。基於以上的理解，筆者在調查過程中，將神像的靈性置於各種社會群體的建構與互動關係中進行考察，探討當代傳統文化產品是如何在儀式場域中生產的。

〔註13〕在調查中得知現在十五鄉組織的「五子朝王」儀式，是自上世紀50年代中斷了六十年以後，於2005年重新恢復的。儀式增加了很多現代元素，如巡遊隊伍中燈籠隊與八音隊的加入，還有那五安神像也是重修的。據崔弼的《波羅外紀》中曾有「近廟十八鄉各奉六候為鹵簿」。與現在的「五子朝王」不同，其中於何時將十八鄉分別供奉六候，變為現在的十五鄉分別供奉五子，需進一步查找相關文件求證。

〔註14〕段玉明：《相國寺——在唐宋帝國的神聖與凡俗之間》，巴蜀書社2004年版，第96頁。

〔註15〕〔法〕皮埃爾‧布迪厄：《藝術的法則：文學場的生成和結構》，劉暉譯，中央編譯出版社2001年版，第276頁。

　　由於在「文化大革命」期間，整個中國的社會組織受到了嚴重破壞，民間宗教生活受到政治運動的衝擊，很多廟宇、神殿都受到不同程度的破壞，神像被摧毀，南海神廟也不例外。在文革期間，波羅誕儀式被迫中斷，各個神像無一幸存地被毀於一旦。直至改革開放之初，社會秩序發生了改變，在政府的大力支持下各種旅遊文化資源不斷被挖掘。南海神廟也在黃埔區政府的大力支持下，於 20 世紀八十年代末重塑了祝融像，而神廟附近的十五鄉鄉民也自發組織重塑了「五安神像」，神像的重塑使當地的民間信仰得到重新樹立。

　　現在的南海神像端坐在神廟大殿第三進的正中，神情慈祥和藹，臉龐飽滿，五綹長鬚凸顯其海王的風度。而現在的「五安神像」是四綹長鬚，大安神像是金面，二子元安神像是粉紅面，三子始安神像是棗紅面，四子長安神像是紅面，五子祖安神像是粉面。鄰近十五鄉〔註16〕每三個鄉輪流供奉一尊神像。其中大安神像由夏園、墩頭基、正心街三鄉供奉，元安神像由南灣、東灣、東平坊三鄉供奉，始安神像由沙湧、鹿布、大小塘頭三鄉供奉，長安神像由雙崗、沙浦、華坑大莊供奉，祖安神像由廟頭、西湖、貫街供奉。

南海神祝融像。廣州黃埔廟頭村，2013，王曉青攝

五安神像。廣州黃埔廟頭村，2013，王曉青攝

　　在廟頭村的岑氏公祠內，一位九十多歲的岑 ZG 老大爺向我講述了他對於神像重塑的一些看法。

　　「現在我們自己供奉的『五安神像』啊，是我們在 1990 年的時候，集合50 多名高齡的老人的描述意見，專門去福建那邊搞的啊。我們村委書記帶隊去的啊。我們村裏的神像啊，基本與先前被破壞的神像是一致的，即是說樣貌、服飾、神態、姿勢、大小都和以前的差不多。我們認為『五安神像』是比較接

〔註16〕這十五個鄉分別是：夏園、墩頭基、正心街、南灣、東灣、東平坊、沙湧、鹿布、大小塘頭、雙崗、沙浦、華坑大莊、廟頭、西湖、貫街。

近民間的，所以在造像時做得比較親民和藹，它們所表現出來的個性與它們的面貌非常相符。特別是三子始安倔強、頑固的性格，從它朱紅色的面孔上表露無遺啦。你們現在看到的南海神廟的祝融像和以前的就大不一樣了，以前的祝融像好高的呀，比現在的要高出好多。現在的祝融像是我們黃埔政府委託考古所，找廣州美院雕塑系的大師做的，漂亮是漂亮，但是和以前的比起來就是缺乏威嚴嘍。南海神廟未毀前的祝融像比現在重建的要魁梧得多，現在的少了原本的威武之氣嘍。以前祝融像上的頂頂桂冠是宋太祖時候賜的，可以拿下來戴上去，現在這個卻是與整個神像黏到一塊的，感覺就是沒有了以前的氣派。『五安神像』和祝融這父王的像看上去年齡差距也不夠大嘍，感覺缺乏父親應有的威嚴性啵。沒有收集我們老人的意見啊，我們都是親眼看過以前的像的呀。現在每逢初一、十五去廟裏祭拜的多是外地人，我們自己一般只在家裏上香，或者去公祠中的祖安像前上香，只在波羅誕才去廟裏上香給祝融。」

波羅誕「五子朝王」儀式主要涉及六尊神像（大安、元安、始安、祖安、長安及南海神祝融），地域範圍包括南海神廟及神廟附近的 15 鄉，根據研究的需要，本文選擇了離南海神廟所在地路程較近、歷史較長、人口較多、文化底蘊較深、姓氏較單一、文化信息保存較完整、鄉民信眾較為集中的廟頭、西湖、貫街這三個鄉為主要田野點。筆者在兩次田野調查期間，重點訪談了廟頭村的村幹部，西湖、貫街的鄉民，供奉祖安神像的祠堂負責人，尤其是南海神廟重建項目的負責人黃 YF，以及參與波羅誕儀式的部分信徒，對南海神廟的造像藝術有了初步的認識和瞭解。在 2012 年 3 月 25 日（農曆二月十三日）波羅誕正誕，筆者對「五子朝王」儀式的整個過程進行了追蹤性的調查和拍攝錄影，試圖運用藝術人類學的理論，圍繞「神像」這個實體為研究對象，從神像的「靜止供奉」到「巡遊參拜」的變化過程中，去瞭解其靈性建構的情況及特徵。

南海神廟波羅誕廟會實錄

近年來，根據廣州市委市政府建立「文化大市」的要求，廣州的旅遊業蓬勃發展，各種旅遊文化資源不斷被挖掘。陳家祠、光孝寺、六榕寺、長壽寺等各類寺廟得到政府的大力支持，並陸續獲得資金進行修繕，從而將之大力包裝成為嶺南文化的代表，以吸引國內外旅客到該地觀光遊覽。作為我國有千年歷史的皇家祭海廟壇，擁有唐、宋、元、明、清八十多塊碑刻有「南方碑林」之稱的南海神廟，自然也成為廣州市政府打造「文化強市」所必需

的文化資源之一。自 2005 年起，廣州市文化局、黃浦區政府就緊緊把握「哥德堡」號來訪的契機，通過把「廣州民俗文化節」與「波羅誕」廟會結合的形式，挖掘、提升廣州作為海上絲綢之路的發祥地的內涵，將「波羅誕」廟會打造成珠江三角洲地區最大的廟會。於是，一些原本屬於民間儀式中的環節，被搬上了展演巡遊的舞臺。如 2010 年「波羅誕」展演巡遊中就增加了「大型仿古祭海儀式表演」、「五子朝王」、「花朝節之拜花儀式」等儀式。廟會期也由三天變為七天，從各地前來觀光旅遊的人數也增加到了五十萬人次之多，同時帶動了南海神廟所在的廟頭村旅遊經濟的發展，此舉得到了當地村民的大力支持與認可。

在全球化、現代化的進程中，廣州市政府大力推進先進文化事業和旅遊業向前發展。南海神廟作為重要的嶺南文化資源開發對象，在弘揚中國的海文化，促進廣州作為嶺南交通樞紐，促進廣州經濟地位的提升上發揮著很大的作用。南海神廟波羅誕廟會作為一個由錯綜複雜的社會關係打造的文化產品，從其在生產過程中由多個組織機構共同參與這個情況來看便可見一斑。波羅誕廟會的組織結構可分為政府組織和地方組織兩個部分。政府組織主要負責南海神廟廟內範圍的波羅誕廟會事務的統轄，而地方組織則主要負責「五子朝王」儀式的展演巡遊。由於本文是以民間信仰儀式中的神像靈性為主要探討對象，所以將會對「五子朝王」儀式較多著墨。

下文以筆者於 2013 年參與的整個波羅誕廟會過程為調查內容來進行探討。廟會籌備時間從 2013 年 2 月 25 日開始至 3 月 19 日結束，整個日程安排接近一個月左右。而波羅誕廟會則在 2013 年 3 月 20 日至 3 月 25 日（農曆二月初九至二月十五），為期六天，正誕日在 2013 年 3 月 25 日（農曆二月十五）。

（一）由政府組織的波羅誕廟會活動過程

2013 年的波羅誕廟會由中共廣州市委宣傳部、廣州市文化廣電新聞出版局、廣州市婦聯、中共廣州市黃埔區委員會、廣州市黃浦區人民政府聯合主辦，有廣州市文化館、中共廣州市黃埔區委宣傳部、廣州市黃埔區文化廣電新聞出版局（版權局、旅遊局）、廣州市黃埔區文學藝術界聯合會、廣州黃浦區人民政府穗東街道辦事處聯合承辦。

為籌備此次大型的廟會活動，由廣州市宣傳部、黃埔區委宣傳部、區文廣新局、區建設局、穗東街道辦事處、廟頭社區等相關部門主要負責人組成

了關於「波羅誕」廟會活動籌備工作的領導小組，由廣州市委常委、宣傳部部長擔任該領導小組的組長。活動前夕，由領導小組召開關於「波羅誕」廟會大型活動籌備會，由於該活動是涉及過 20 多萬人的活動，政府部門方面為確保活動的安全、有序，相關部門的主要領導還多次到活動舉辦現場進行實地視察。本次大型祭祀活動主要的活動地點在廟頭村及南海神廟內，由於有部分的巡遊和祭祀活動是由廟頭村村民自發舉行，為了活動的順利進行，領導小組要求該村委幹部提供各自的巡遊路線和組成人員的名單（具體的統籌工作交由廟頭村村委幹部負責，主要規劃好「五安神像」的巡遊，統一隊伍的服飾和用具，以及補貼活動過程中所涉及的一定費用等）。十五鄉村民以三個鄉為一個單位，各自組織本鄉的祭祀人員並且規劃巡遊路線圖（由於每年的巡遊路線一致，這基本沿用）。活動前，十五個鄉的幹部和村長集中在大祠堂開會，商定了遊神路線等事宜（包括巡遊隊伍先後順序等）。廟頭村委幹部再把綜合起來的信息統一反饋上活動籌備工作的領導小組，進行備案或相關的宣傳。

（二）波羅誕廟會「五子朝王」儀式的展演過程

「五子朝王」儀式於 3 月 25 日（農曆二月十三日）波羅誕正誕日舉行，神像巡遊的展演過程主要在廟頭村舉行。「五安神像」分別由十五鄉組成五個儀仗隊，從前一年神像所供奉的祠堂出發，將神像抬至廟頭村的廟頭大街與風度街的交匯處，抵達該處後神像落地停留 15 分鐘，接受鄉民許願參拜。然後再按五子的長幼排序進入神廟廣場巡遊三圈，向父親祝融參拜賀壽。

廟頭村位於廣州市黃埔區穗東社區，屬於廣府村落文化類型，總面積 6.57 平方公里，戶籍人口 3482 人，流動人口 10820 人。〔註17〕目前村中除了岑、張兩大姓氏外，還有馮、劉、李、郭、杜、林、吳、黃、何、梁、於、黎、范、金、葉等姓氏的住民。廟頭村張氏族人現有人口 2400 多人（包括港澳華僑）。據岑氏族譜記載其與廣東岑氏氏族同源，岑氏源祖姬渠本於黃帝軒轅氏同姓，後周武王封姬渠於岑亭建岑國，遂從此以國為姓，是岑姓的始祖。廟頭村岑氏祖先於元朝至正二十五年（1365 年）由順德桂洲鄉遷入，至今有 644 年歷史。廟頭村的岑氏宗祠有三座，以岑氏大宗祠為祖祠。廟頭村的張氏祖先，據其族譜記載是在宋朝末年從曲江南遷而來，是唐朝宰相張九齡的後裔，其遠祖師張良張騫等人，目前村內只有一座張氏大宗祠。

〔註17〕得自廟頭村委會提供的 2010 年全國第六次人口普查數據。

供奉在廟頭村岑氏公祠內的祖安神像。廣州黃埔廟頭村，2013，王曉青攝

筆者根據調查所得，初步將「五子朝王」儀式歸納為以下五個程序，即洗淨——請神——巡遊——朝拜——送神。調查以供奉在廟頭村岑氏公祠的祖安神像為主要對象，關注參與其中的不同群體對神像靈性的若干看法，通過筆者的所見所聞描述該儀式。

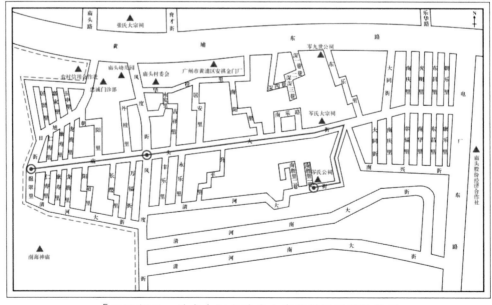

「五子朝王」儀式中祖安神像在廟頭村的巡遊路線圖

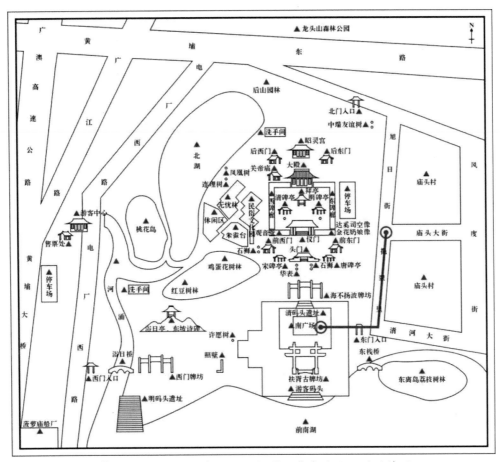

「五安神像」於神廟附近的把翠里集合後的巡遊路線圖

1. 洗淨

3 月 25 日（農曆二月十三日）午夜零時，在廟頭南勝里 1 號的岑氏公祠的側門，我見到了正在忙碌準備的岑氏長老岑 ZG（1921 年生）、岑 ZX（1929 年生）、岑 YH（1930 年生）等老人。他們統一穿上棗紅色的衣服，戴著白帽，站在側門處等著村支書張 JN 在零時一刻燃放鞭炮，然後由村中最年長的老人岑 ZG 為祖安神像進行「洗淨」。趁著這個機會，我開始和岑 ZX 老人攀談起來。岑 ZX 老人是岑 ZG 的弟弟，他曾在 70 年代的時候擔任過廟頭村生產隊的隊長，一直熱衷於村裏的公共事務，自「五子朝王」儀式恢復以來，他每年和哥哥都參與神像的洗淨儀式。

我問：「您為什麼要戴著帽子啊？晚上又沒有太陽，這帽子在儀式中有什麼說法嗎？」

　　岑 ZX：「你今年第一年來參加我們的神像洗淨儀式吧？這你就不懂了，這帽子不是用來遮太陽的，是用來擋雨的。」

　　我問：「擋雨？現在天氣似乎還很好喔，白天還是陽光普照的呀，這晚上也不像會下雨呀！」

　　岑 ZX：「今天是海神祝融的生日啊，一定會下雨。你這小年青呀，別看現在天氣晴朗，從現在開始到早上祖安出發之前，必定會下一場大雨。不然怎麼叫『洗淨』呀？每年都是這樣的，不信你等一下可以看看。你有沒有帶傘啊，每年的今天這個正誕日一定會下很多場陣雨的。這是海神誕嘞，海神是可以呼風喚雨的。海神的五個兒子去給父王賀壽，不下雨的話說不過去的。」

　　我問：「每年的波羅誕正誕日一定都下雨嗎？會不會是因為這邊屬於亞熱帶氣候，高溫多雨的緣故呀？如果下雨，早上神像巡遊那豈不是很不方便嗎？」

　　岑 ZX：「你現在可以不信，但是我可以告訴你，每年的今天必定會下雨。下雨說明我們的『五安神像』是很有靈性的，他們給父王賀壽，得讓父王見識一下他們的本領呀！這和我們本地的氣候應該無關吧！洗淨要下一場雨，明天『五安』拜見父王的時候還得下一場雨。神像巡遊嘛，那倒不會下雨，這麼多年似乎都沒有嘞。」

　　此時鞭炮聲響起，打破了午夜的沈寂。我看見岑 ZG 老人正在指揮兩個中年男子上前從頭到腳地把碌柚葉水[註18]灑在始安神像上，最後再往神像的臉上多點一下，這個過程大概持續 10 分鐘左右。接著，岑 ZG 隨即用一塊冥黃色的乾布輕輕拭去神像身上的水珠。此時外面滴滴答答地，果真下起雨來了。我心裏不由一顫，這神像真有這個靈性？不容我多想，一眾鄉民已一窩蜂地湧進了祠堂，開始上香、朝拜、祈願。從他們臉上自若的神情中，我認為他們已經從一次次的洗淨儀式中印證了海神呼風喚雨的靈性存在。凌晨 3 點左右，鄉民們陸續散去，祠堂內又重新恢復了沉靜，只聽到外面淅淅瀝瀝地雨仍下個不停。

　　2. 請神

　　早晨六時三十分，寂靜再次被一連串響亮的鞭炮聲打破。大概七時左右，負責請神出門的鄉民們已陸續來到祠堂內集合。他們身穿紅衣，頭戴白帽，白

〔註18〕碌柚葉水也稱柚子葉水，是廣府地區民間用來祈福、驅邪、避穢、消毒的祥瑞之物。人在手氣背、辦事不順、探病後、出獄後、參加葬禮等情況下或者在進香前、抽獎前、考試前、比賽前等需要運氣的情況下，都會用碌柚葉水洗手或洗臉，期望可以帶來意想不到的好心情和好運氣。

毛巾圍脖，各司其責，老人手執「兵器」、中年人手執「標旗」或「樂器」。「請神」即由八名中年彪漢把神像從祠堂側門抬出，巡遊至廟頭大街與風度街的交匯處放下，讓各方鄉民在該處祭拜十五分鐘後，再巡遊至神廟廣場的過程。「請神」從表面上看只不過是神像位置的轉移，似乎沒有什麼實質意義。但一位住在廟頭桂丹里內的 84 歲老婆婆張 XL 告訴我，這一看似簡單的「請神」儀式在當地鄉民的心目中，具有不同尋常的意義。

「儘管祖安神像已經在我們的岑氏祠堂內供奉了整整一年，我們只要去祠堂便可祭拜祈願嘅。上祠堂求神就像到親戚朋友家裏上門求的一樣，但這是被動的呀。而現在把神請到我們自己搭建的場所（指廟頭大街與風度街的交匯處），然後供上食物，配上鑼鼓、鞭炮，這就如同請客吃飯一樣啦，是完全主動的喇，即使我們有求於他們（指『五安神像』），我們也是高興的。你應該知道哇，這裡平日裏是市場來的哇，現在是臨時搭建的。熱鬧啊，其他十五鄉也有很多人來的哇，一年到頭大家都在這個時候看看其他鄉供的神像呀。」

七點三十分，雨仍在下，我開始有些擔心巡遊時下雨是否會影響拍攝。但是鄉民們似乎很是充滿信心，在請神出門的那一刻，雨是一定會停的。

請供奉在公祠內的祖安神像出門。廣州黃埔廟頭村，2013，王曉青攝

一尊重達 250 斤的祖安神像，怎樣把他「請」出來，確實很是費工夫。七點四十分，岑 YH 老人開始點名整理巡遊隊伍。七點五十分，八名抬案壯漢已經分成兩組，包圍著神像了。他們將事先準備好的方形扁擔穿過神像座椅扶手的方形環上〔註19〕，接著吆喝了三聲「1、2、3」，然後八人一齊把神像抬起，朝祠堂側門走去。祠堂的側門大概只有兩米高，而神像卻有兩米多高，這就意味著要把神像抬出門是比較困難的。而且神像作為整個巡遊過程的重要「神物」，在抬出門時絕不能將之旋來轉去。只見抬案的前面四名壯漢跨過門檻的

〔註19〕神像座椅扶手上的那個方形環是為了抬案時承載擔挑之用。

那一刻，忽的將扁擔抬至肩膀之上，神像向後一倒，後面的四名壯漢也是訓練有素的，馬上蹲下，四人一起承載了整尊神像的重量。四人一齊半蹲跨步向前，神像仰面朝天的順利跨過了門檻。而此時正是八點十五分，也不知道什麼時候開始雨停了，仰望天空似乎將要放晴了。此時岑 ZG 和岑 ZX 兩位老人也來到祠堂，岑 ZX 老人看了我一眼，似乎在說：「你看，很靈吧。」我也開始相信神像的靈性了。

3. 巡遊

八點十五分，由三十六個鄉民組成的巡遊隊伍開始沿廟頭大街與旭日街的方向移動。隊伍前段是由兩名手執「十五鄉：祖案」旌旗的中年人，還有六名隨行的老人，以及手執絲竹鑼鼓八名中年人，他們共同組成儀仗隊。中段由抬神像八名彪漢和兩名執步輦的兩名年輕人組成。尾段是十名手執彩旗的中年人，彩旗紅底金字，旗面上分別繡有「威武」、「風調雨順」、「合鄉平安」、「五福臨門」等吉語。廟頭大街街道兩旁，前來湊熱鬧的人密密麻麻。夾雜著一陣陣密集的鞭炮聲響，斗鑼、大鈸、小鈸的鼓樂之聲也震耳欲聾，隊伍在人聲鼎沸的街道上緩慢前行。

廟頭大街與風度街的交匯處。廣州黃埔廟頭村，2013，王曉青攝

八點四十五分，抬著祖安神像的巡遊隊伍到達了廟頭大街與風度街的交匯處，神像面朝東南方向被放置在市集中心。那裏的几案上已經陳列著「金豬」、「果品」、「酒呈」、「油米」、還有「波羅粽」等眾多祭神食物。在那裏等候的鄉民們一擁而上，紛紛爭相撫摸神像。按照他們的說法，擁神巡遊是為了敬請「五安神像」在向父王祝融賀壽之前，能夠將在村裏聽到的民聲，在朝拜時向父王稟告，而鄉民們的願望也可借助「五安神像」的嘴告訴海神祝融，得到福佑。鄉民們皆舉著香，虔誠地目送祖安神像繼續向南海神廟方向前行。在市集的角落處，我注意到了一位看上去三十多歲的豐滿女子，她已上完了香，正準備離去。

「我不是廟頭的人喇，我是二十多歲的時候從湖南嫁到雙崗的，已經有十年喇。我們的長安剛剛過去了，你們祖安今年排第二喇。我嘛，是前幾年開始

參加這個儀式的。那時聽說拜這些像很靈，入鄉隨俗嘛，我就來了。去年這個時候我千辛萬苦地擠進去摸了神像的鬍子之後，再摸自己的肚子，結果年底就生了個大胖小子了呀。這不我還得趕著進去神廟上香吶，我是來還願的。」

　　當人們把神從祠堂中「請」（抬）出來的那一刻起，人與神之間的關係就在一定的地域範圍內被人建構起來。在巡遊這一儀式過程中，凡俗和超凡兩種閾境一直都以神像為中心，而神像則在以巡遊的路線為背景而存在，直到儀式完成，其結構才被解除。在以神像靈性為中心的「超凡」的閾境中，巡遊伴隨著過程中神像位置的移動，而處於遊動狀態。遊動的閾境，正是擁神巡遊儀式中人、神關係結構的一個突出特點。當震天的鑼鼓聲伴隨著莊嚴的神像巡遊時，神聖的「超凡」閾境也就在神像的靈性象徵中以巡遊路線為空間遊動。於是，「遊動的閾境」這一結構特點就不僅僅是該儀式中人、神關係的體現，而應該是「人──神像──神」三重關係的體現。

　　4. 朝拜

　　九點十分，「五安神像」巡遊隊伍已陸續抵達南海神廟的南廣場門外的旭日街，每支隊伍的人數增加至一百多人，他們分別穿著代表「五安神像」顏色的衣服，抬著燒豬、果品、酥餅等祭品。九點十五分，依據神像年齡的大小順序五支隊伍開始步入廣場，繞順時針方向在廣場中巡遊 3 圈。然後仰視面向祝融像列隊站好，唯獨是三子始安是面對住祝融，因為始安又稱「梗頸三」〔註20〕，經常與父親南海神常為小事頂撞，因而要反著抬進來。

在神廟南廣場的「五安神像」巡遊隊伍。廣州黃埔廟頭村，2013，王曉青攝

　　此時已接近九點五十分，廣場被人流擠得水泄不通。我正在發愁怎樣可以占個好位置，把朝拜的過程拍好。突然，天上烏雲密布，下起了傾盆大雨，有一部分人紛紛跑去躲雨，我順勢向前擠進了第一排。但是我沒有帶傘，所以非

〔註20〕粵語中的梗頸表示的是執拗的意思。

常擔心攝相機是否能堅持住。此時一位看上去六十多歲的老伯向我伸出了援手，用他的雨傘罩住了我的攝相機，我心中甚是感動。在交談中我瞭解到，這位來自南灣的姚 YW 老伯，今年 69 歲，每逢波羅誕正誕他都來參加「五子朝王」儀式。

　　　　姚 YW：「你是記者嗎？」

　　　　我答：「我不是記者，我是學生，就是對這個儀式感興趣過來的。」

　　　　姚 YW：「你是大學生噢？」

　　　　我答：「嗯，是的。」

　　　　姚 YW：「那麼，你信這神嗎？」

　　　　我答：「我不知道呀。」

　　　　姚 YW：「哎呀，你不信你還來參加？我跟你說我們的神可靈喇，等到十點鐵定停雨。那些個離開避雨去的人，肯定不是我們本地人。我們本地人都知道的，海龍王，海龍王嘛，他的生日肯定要下雨的。」

　　　　我問：「是真的嗎？不是因為今天是穀雨嗎？」

　　　　姚 YW：「你們這些大學生呀，不要跟我講什麼科學理論呀，你以為我們這個是封建迷信嗎？」

　　　　我答：「我不是這個意思，我是不懂，所以才來參加這個儀式的。」

　　　　姚 YW：「我跟你說，那些有病不去看醫生吃藥，而是找些香爐灰來吃，那些才叫封建迷信。我們有病也會去找醫生看病抓藥的，只是在吃藥的同時，我們也會來拜拜神，求個心安理得，拜神確實使我們的病好得更快一些。」

　　　　我問：「那麼，您認為這神真的很靈嗎？」

　　　　姚 YW：「當然啦，不說別的，只說這地方幾十年來風調雨順就知道這神靈不靈。我跟你打賭，儀式一開始雨就會停，每年都這樣的。並且你有什麼願望，譬如說你讀書求學業啦，以後求生子啦，或者求發財啦，你都可以來這兒拜一拜，我們的海神可靈驗喇。你看連天氣這麼變化莫測的事情，他都能管，還有什麼不能管的嗎？」

　　　　我答：「嗯，那確實是很厲害呀。」

　　接近十點整，儀式將要開始，雨仍然下著。主祭人黃 YF 上臺致辭，主要內容大概是頌揚南海神這一年裏護佑了當地無災無害、風調勻順，同時向南海神祝融表達當地居民是很善良、勤勞的，請海神繼續護佑他們，在新的一年裏

繼續賜福大家。致辭持續了三十分鐘，從十點二十分開始，雨勢漸小，到了十點三十分，雨已經完全停了，天空突現了藍天白雲，太陽出來了。姚YW老伯隨即對我說：「你看，很靈吧。」我微笑地點了一下頭。

主祭人致辭完畢後，是各隊伍代表上臺將祭品抬上獻給海神祝融，緊接著是法師向民眾灑聖水。整個朝拜儀式於十一點結束，各隊伍依逆時針方向繞場一周，接受大家朝拜和歡送，然後依次退場。接著再將「五安神像」分別抬至另外的鄉里祠堂供奉。

在21世紀這樣一個科技信息時代，人們依然對神像的靈性有這樣堅定不移的信仰，對於這樣的儀式又這樣濃厚的參與熱情，這不僅說明了人們對神像靈性的執著，也印證了神像靈性是民俗文化活動中連接人和儀式的媒介。「五子朝王」儀式中的眾神像已被虔誠相信其靈性的鄉民建構在一種「超凡」閾境之中。

5. 送神

十一點十五分，在一片鑼鼓聲中，祖安神像沿廟頭村向貫街村的方向巡遊。沿途貫街村的鄉民列隊歡迎，在炮竹聲中將神像放置在貫街村的祠堂中供奉。神像前面擺著一張几案，案上放有燒豬、燒鴨、白切雞、波羅粽、燭臺、酒杯、冥錢〔註21〕等祭神物品。為了酬謝上一年供奉神像的村民，接神的村要為送神的村在祠堂內外設宴，總數在100席左右。〔註22〕

南海神廟牌坊「海不揚波」。廣州，2019，鄧啟耀攝

〔註21〕冥錢是一種可被大量燒化的紙，指的是「冥府銀行」發行的面值從幾元到一百億元不等鈔票，印得跟人民幣的模樣一樣，只是冥錢上的頭像全都換成了閻王像。
〔註22〕本田野考察實錄由項目組成員、中山大學人類學系博士生王曉青調查撰寫，筆者作為指導教師，也參加了2019年的波羅誕活動。

南海神廟。廣州，2019，鄧啟耀攝

南海神廟前上香的信眾。廣州，2019，鄧啟耀攝

五子神經過南海神廟牌坊前。廣州，2019，鄧啟耀攝

五子神遊神經過的地方擺設臨時祭壇。廣州，2019，鄧啟耀攝

五子神遊神經過時信眾以摸一摸神像為吉。

在祭壇前焚化紙品。廣州，2019，鄧啟耀攝

五子神之一遊神經過宴會廳到神廟歸位。廣州，2019，鄧啟耀攝

在神廟歸位的神接受供奉。廣州，2019，鄧啟耀攝

信眾將紙品祭獻後焚燒。廣州，2019，鄧啟耀攝

遊神結束回到宗祠參加「波羅宴」。廣州，2019，鄧啟耀攝

波羅符

　　南海神廟「波羅誕」活動中必有的象徵物，除了波羅雞、波羅棕，還有波羅符。波羅符屬於套色民間雕版木刻作品，有七種，「洪聖大王」是主神，其他幾位是「卦鎮四方」「包公座鎮」「引福歸堂」「和氣生財」和「齊天大聖」。詢問賣波羅符的老人這些波羅符的來歷，老人說，「卦鎮四方」「包公座鎮」求的是平安、公正，「引福歸堂」「和氣生財」自然是求福求財了。至於「齊天大聖」為何跑到這裡來了，老人一下子也說不清楚。主神洪聖公，竟然這裡也不是它的原籍，而是從外地遷過來的。

　　南海神廟波羅誕的祭品之一波羅符，其尺寸在38釐米左右，大小和門神差不多。波羅符的底紙有紅色、黃色、綠色、白色等多種顏色，上面也是繪有神祇和八卦等圖案，還用「朱砂」印有「出入平安」、「大吉大利」、「陞官發財」等字樣。波羅符的圖案最常見的是洪聖王像居中，文武兩臣（神）侍衛在它的兩邊。據當地人所說，這還不算是一張完整的波羅符，需要在蓋上「南海神玉印」之後，這張波羅符才具有靈性。

　　在每年的波羅誕期間，前來南海神廟祭拜的民眾，在離開神廟之前都會「求」一張波羅符回去，這已經成為「遊波羅」的傳統習俗標誌。據當地人介紹，人們不能稱買「符」，只能稱「求符」或者「請符」。回家後可把「波羅符」懸掛在家中的廳堂牆壁上，掛得越高越好，據說可以鎮家宅安寧。也可以用來貼在房門上，也有辟邪消災的功能，有的地方還將它在拜祭的時候與元寶蠟燭一起化掉，據說可保平安。據來自南灣的 ZHZA 所說：

> 我每年南海神廟波羅誕的正日（農曆二月十三）都會去拜祭南海神嘅。有一年，我由於走得匆忙，臨走時忘記（唔記得）請波羅符回家（翻屋企），走（行）到家（屋企）門時才想（諗）起來這事情。於是，我又連忙跑到南海神廟去請波羅符，當時廟裏的工作人員說所有波羅符都賣完了（波羅符已經賣曬喇），我只能空著手回家（翻屋企）。回家（翻屋企）以後，我父親（老豆）發現我沒有把波羅符請回家（翻屋企），非常生氣（好嬲），即刻大罵（鬧）起來嘎，說（話）這一年沒有把波羅符請回家（翻屋企），就是等於沒有把南海神請回來，這樣的一年都不會有好運（運行）啦。我父親（老豆）即刻親自又跑到南海神廟問工作人員有沒有賣剩的波羅符，但那工作人員還是以已經賣光（賣曬）為理由拒絕我父親（老豆）的請求。
>
> 這個時候，我父親（老豆）買了好多元寶、蠟燭、香去到南海神的面前，訴說了沒有請到平安符的原因，希望得到南海神原諒。我父親（老豆）還認為做得不夠，四處打聽周圍的親戚，看看（睇睇）有沒有哪位是買多了嘅，但也是徒勞無功。回家（翻屋企）以後，我父親（老豆）好小心地把上一年掛在廳上的波羅符用雞毛掃清清地把上面的塵擦去，準備以去年的波羅符度過新的一年。這一年還算是平平安安地渡過，但是我父親（老豆）對於波羅符的執著

和緊張，我直到現在也無法忘記和理解嘅。我認為，只是那麼一張畫像，圖案都是差唔多（差不多）嗰，何必那麼在意，又刻意地換來換去呢？

　　第二年的波羅誕，我父親（老豆）就不讓我去請符，他自己親自去請。請回來以後，就把原來的那張舊的燒了，掛了張新的上去。他對我說：他爺爺那代起就已經延續了請波羅符的習俗，所以每年都過得平平安安，這張符不是普通的一張紙，它是代表了對南海神的一種感恩。〔註23〕

請波羅符是整個「遊波羅」儀式的最後一個環節，當地很多民眾皆認為，如果沒有請到波羅符就是等於沒有完成這個儀式。波羅符走過了這麼多年的歷史，這個符所代表的內容和意義也一直在變化，筆者認為其實波羅符更多的是代表一種信念和信仰。

波羅誕的祭品波羅雞和波羅粽均屬於是廟頭本地人生產的，而波羅符的產地則在佛山市禪城區的「普君墟」。普君墟是南海神廟波羅誕期間所售賣之波羅符的唯一供應點，這裡製作波羅符已經有好幾百年的歷史。但自 2016 年起聽神廟的工作人員說前些年，佛山這個供應點也再沒有生產波羅符了。與其說波羅符是「符」，還不如說波羅符是一幅畫更貼切，因為波羅符實際上是一張木版年畫。其生產者是佛山市馮氏世家木版年畫馮均第三代的傳承人、國家級非物質文化遺產代表性傳承人 FBT，南海神廟波羅誕日子裏面歷年用的「波羅符」就是他的家族所製作的。

2014 年 6 月 7 日，我來到 FBT 在佛山市禪城區普君墟普君市場東面的家中。FBT 的家是一處平房，在熱鬧的市場街市和附近高樓大廈的映襯下，顯得有點凋零和殘舊。FBT 是一位滿頭白髮、個子不高、精神奕奕的老人，他把我迎進了他家。一進門，我就看見佛山市博物館的研究員 ZHPJ 也在 FBT 的家裏。ZHPJ 見到我，和我打了聲招呼，說大家都是東華里文物保護組的老相識了。FBT 家的擺設有些簡陋，只有一張會客的四方桌和幾張椅子，屋裏四面脫落的牆壁上掛滿了各種各樣、大小不一、五彩繽紛的木版年畫。這些年畫有的是用玻璃和木框裝裱的，有的則是隨意掛著的，畫上的題材分別有關帝、八仙過海、持刀將軍、壽星公、六祖等。FBT 說他從十幾歲開始就跟著父親製作波

〔註23〕訪談對象：ZHZA，男，25 歲，黃埔南灣人。訪談時間：2013 年 3 月 23 日，訪談地點：南海神廟西門，訪談人：王曉青。下同。

羅符，從事波羅符製作已經差不多有七十年了。整個波羅符的工藝包括二十幾道工序，極其繁複。

　　　　整個波羅符的工序一共有二十幾道，我可以簡單的告訴你主要的五道工序。第一是，刻板。就是刻畫出要用來印刷的木刻板，這裡就是把圖案的內容掏空，留出圖案的主要線條，這道工序無三年的刀工是不行（唔掂）嘎，使用的力度要恰到好處。第二是，套印。就是在木刻版油上黑漆，直接把宣紙放在木刻版上，用壓板把木刻版上的線條套在宣紙上，就形成了一個圖案的線描效果。我們以前（舊陣時）就是做到這一步，後面的工序就送到其他木版年畫的工作坊去製作。第三是，開相。就是為了圖案更加有立體感，在圖案上塗上一層淡彩，如人像的臉部、衣服等。第四是，描金。就是用金色線條來描繪圖案，使其更加高檔。第五是，填丹。就是大幅度地在畫面用朱砂上背景色，使圖案更加突出。〔註24〕

關於波羅符的起源，FBT 說：

　　　　南海神廟又叫波羅廟，所以那裏出品保平安的符，通稱為波羅符。我聽我爺爺（阿爺）說，幾百年前，南海神廟每逢波羅誕的日子是非常熱鬧嘎，聚集好多人在南海神廟拜祭南海神，當地又叫「遊波羅」。當時好多會做生意的人就特意拿上各種各樣的工藝品去到現場「趁圩」，好比如波羅雞、風車、字畫、刺繡、陶瓷花瓶（花樽）、木刻、泥雕等，什麼（乜野）都有，而且都好有特色，那場面有點像佛山大年三十晚的花市。

　　　　其中有一位佛山木版年畫的工匠，他拿了很多印有洪聖大王（即南海神）的彩色畫像來到現場賣。由於其畫除了圖案形象、色彩鮮豔、人物生動外，而且還標有洪聖大王的字樣，一下子就被來拜祭或市集的民眾買清光喇。買回家（翻屋企）的民眾都把這幅印有洪聖大王（即南海神）的畫像懸掛在家（屋企）中的廳堂中，不但（唔單止）可以觀賞，還可以保家宅平安。來訪的客人看到（睇倒）這樣的擺設，也相繼模仿。

〔註24〕受訪者：FBT，男，80歲，佛山禪城人。受訪時間：2014年6月7日。受訪地點：FBT家中。

　　後來，南海神廟的廟祝發現這樣東西（呢樣野）可以帶來一定的收入，每年在波羅誕之前，就把這位佛山木版年畫的工匠手上所有印有南海神的畫像買光（買曬），再在畫像裏面蓋上南海神廟獨有的南海神玉印後再賣。之後就出了這樣的一條不成文的規定，只有蓋上南海神玉印的畫像，是經過了開光，才有南海神神靈保佑的功能，視為正品，其他則為「翻版」，並改名為「波羅符」，這個名字就延續至今。

　　在波羅誕的期間，每逢拜祭完南海神，南海神廟的廟祝都讓民眾買一張波羅符回去，但在南海神廟裏面不能夠叫買，只能稱「求」，這樣慢慢就形成了一個習慣與文化。當時，整個華南地區只是佛山有製作木版年畫嘎，而且手法和工藝是當時最 NO.1 嘎。因此，南海神廟就把波羅符的製作派單到佛山這邊去製作，至今也應該有三百多年的歷史喇。

據 FBT 所說從他爺爺的那一代開始就已經承包了波羅符的生產，他們家也是靠製作波羅符養活一家人的。

　　那時候（果陣），佛山現今的這個位置都是製作（整）波羅符嘎，而且成行成市，可見它的需求量有多大喇。我的爺爺（阿爺）和爸爸（老豆）也是靠做這個波羅符才養大我們幾兄弟姐妹嘎。家（屋企）中有個規矩，替南海神廟製作波羅符是一定不能夠（唔可以）提價（加價）嘎，例如原本賣一塊錢一張波羅符嘎，現在（宜家）也只能賣一塊錢，一分錢也不能加。

　　他們（指 FBT 的爺爺和爸爸）認為，由於波羅符是一種神物，是有靈氣的東西（嘅野），我們做波羅符就相當於得到菩薩的保佑，這就是教育我們要感恩菩薩。我成年之後也跟著父親（老豆）做波羅符，做到三十歲左右，由於文化大革命，所有拜祭活動都停止了（停曬），連做符的木刻板也被紅衛兵所破壞（卜爛曬），那個時候我才停止做。直到 1985 年波羅誕恢復之後，我又做了這個波羅符十幾年。但是近年材料和人工都在漲價，做這個實在維持不了（圍皮唔住）生活，再加上我也年紀大了，體力和精力也不足，就這幾年沒有去做這個符了。

我問 FBT：「馮老師，那麼文化大革命的時候，你沒有做木版年畫這門手藝，那當年靠什麼吃（食）飯？」

FBT：「那時候，我唯一的技術就是這個木版年畫，因為文化大革命就是除封建、除迷信，當時整個社會只要有神、有佛的東西都定義為迷信，不要說（唔好講）波羅符不能做，就連其他門神與神祇相關的都不能做。

這十多年期間，為了吃飯（為咗食飯）我什麼事都做過，如泥水工、木匠、搬運工、修理工、菜市場商販等。那段日子裏面，只要想到自己的祖先就真的懺悔（冇面），是自己沒有把家族的事業延續去做，特別看到被砸爛（卜爛）的木刻板，真的非常心酸。」

FBT 說其實木版年畫很難賺錢，這些年他都很窮，還是住在原來的舊房子裏，沒有錢買新房。而且由於他家的地勢低，每逢下大雨家裏都進水，房子很容易潮濕，有好些木版年畫的木刻版都被水泡得發脹而廢掉了。

其實木版年畫這樣東西並不賺錢（搵唔倒錢），做波羅符就更不用說喇。你可以看看這個片區，最老、最殘、最破的就是我的房子（屋企），我在這裡足足住了一輩子（貓咗一世），我父親（老豆）也是在這裡長大嘅。佛山政府算是重視我們這些文化產業的傳承人，周圍的房子全部都是要拆遷，唯獨是我這一個房子保留下來。波羅符是我家的祖業，就這個房子裏面也不知道出產過多少萬份了！

當年我父親（老豆）再三叮囑我們幾兄妹要傳承這個優良傳統，製作波羅符是絕對不能夠漲價（加價）嘅，因為它是有神靈的東西，會保佑我們嘅。我們也照做了，但是回想起來（諗翻轉頭）真是有點幼稚，我家的波羅符確實沒有漲價（冇加過價），但是據我所知，波羅雞、波羅粽等，還有其他祭祀用的東西就一直在漲價（加價），特別是那些元寶、蠟燭、香。所以我作為歷史文化藝術的工作者，非遺的傳承人，真的是老實了一輩子，也貧窮了一輩子。

文化大革命前，在這裡與我們一起做波羅符的工人最多的時候就有好幾十個。雖然波羅符看上去只是一張畫有神祇（公仔）的宣紙，但是，工序上是非常複雜繁多。我們培養工人所花費是精力和時間都是無法（冇辦法）計算嘅。他們各有不同的工序，就好像工廠的生產流水線那樣，一道工序之後接著下一道，而且每道工序如

果功底不夠，就會連累後一道工序的質量。當時就是這樣一個作坊形式，雖然工作的條件不算好，但工人非常齊心，只要趕工起來，就是拼了命（搏曬老命）嘎。所以我們從來沒有耽誤過交給南海神廟的貨期，而且是耽誤不起嘎。因為當地的民眾拜祭南海神之後如果求不到波羅符回家（翻屋企），按照當地人的講法就等於沒有來過。

現在，這個活再想找人幹真是好難嘎。而且現在的年輕人（後生仔）相當浮躁，能專心學好這門手藝的人已經不多嘎。再加上會欣賞這種文化藝術品的人也不多。我打個比如，以前很多人家過年都會貼手寫的對聯，我們又叫揮春，現在（宜家）好多都貼電腦打印的對聯。

時代改變了，我覺得我的思想應該也落後嘎。

看到 FBT 臉上失落的表情，我決定緩和一下氣氛，我問 FBT：

「為什麼（點解）南海神廟當地民眾都會去買這個波羅符？」

FBT：「這是拜祭完洪聖大王（南海神）的一個標誌，買波羅符回家就是等於把洪聖大王（南海神）的神靈請回家，這樣才能保佑全家人家宅平安。也有這樣的一種情況，就是一個家族的一個人去拜祭南海神，他也可以替家人（屋企）把這個波羅符請回去，每一家分一份。我曾見過一下子請幾十份波羅符的都是有嘎。」

我：「如果今年要換新的波羅符，換下來舊的波羅符是怎樣（點樣）處理呢？」

FBT：「波羅符是每年都要換新嘎，這是當地的一個規矩。要把舊的波羅符燒掉，才能夠掛新的上去，其實這個等同於我們換對聯的道理是一樣嘎。所以，南海神廟附近的居民沒有是一張波羅符掛好幾年嘎。」

我：「波羅符是掛在屋子裏面的什麼（乜嘢）位置最合適呢？」

FBT：「波羅符只能是懸掛在屋子的廳堂高處，而且最好是家（屋企）裏面最正中的位置。絕對沒有人這麼蠢（咁鈍）會把波羅符掛在自己的房間裏和門外，因為洪聖大王（南海神）一直是座在南海神廟的大殿中間，請它回家（翻屋企）之後，就應該也把它的靈性請到大廳上來，這一方面是對這洪聖大王（南海神）神靈的一個尊

敬。另一個方面，洪聖大王（南海神）神靈才能保佑一家人的平平
安安。還有的是，洪聖大王（南海神）神靈立於高位，才能夠把整
個房子一目了然，用民間的話來來，這才能夠防止一切『牛鬼蛇神』
進到屋內，起到真正的辟邪作用嘎。」

這個時候，FBT 的兒子 FYL 回來了。他看到我們，經 FBT 介紹後也跟我
們一起聊了起來。

　　　　我問 FYL：「馮先生，你現在（宜家）也是延續你爸爸（老豆）
的手藝，做這個木版年畫？有沒有（有冇）做過波羅符嘎？」

　　　　FYL：「我是馮氏木版年畫的第四代傳承人，我當然也傳承了爺
爺、父親的手藝。我小時候（細路仔）就看我爸爸（老豆）做過波
羅符，這幾年我慢慢覺得做這個波羅符是維持不了生計嘎，所以也
沒有延續（就冇乜心機）去做。我是這樣認為嘎，我的長輩一直視
波羅符為菩薩賜的恩，保佑了我曾祖父（太公）、爺爺（阿爺）、父
親（老豆）幾代人有個飽飯吃（食），但我認為這種恩惠卻沒有（冇）
在我的身上有所體現。」

FYL 對此問題非常敏感，他開始說起了他這幾年所經營文化產業項目的
事情：

　　　　「我一直認為我們是佛山木版年畫的非物質文化的傳承人，全
佛山能夠代表省非遺項目到北京開會的不足（唔夠）五個人，代表
的是包括粵劇、剪紙、陶塑、彩燈、木版年畫，我本以為有這樣的
優勢可以創業，但是以失敗告終嘎。這個失敗給我造成了好大的損
失和傷害嘎。」

ZHPJ 對他的話題非常感興趣，認為他的話題是在說現在歷史文化遺產工
作者的產業轉型，就沒有打斷他，讓他繼續說：

　　　　前幾年，我認為佛山馮氏木版年畫的市場非常窄，很難去經營
和發展。2008 年，我和父親（老豆）在佛山祖廟和梁園的文化長廊
開辦馮氏木版年畫的店鋪，當時還是在佛山政府非常支持的非遺文
化的項目活動月。但是，我和我父親（老豆）兩人在那裏坐了整整
一個月，卻足足吃了（食咗）一個月的西北風，連一幅年畫都沒有
（冇）賣出去。那個時候真的非常艱難，連吃（食）飯也成問題，
我就想到與其坐以待斃，不如去拼一下（盡地一搏）。

　　傳統文化和飲食產業相結合一直是我想發展的商業模式。2015年，我在佛山禪城區新城區那邊開了一家以馮氏木版年畫為主題的「私房菜」，包括好多傳統的吉祥菜式，比如金瓜排骨盅、錦繡大蝦、毛蟹炒年糕、發財豬手等，還加上有的為圖案的室內裝飾，想（諗住）打造一個非常高品位和格調的傳統文化飲食環境。但是，從開張到結業，不足（唔夠）三個月嘅。

　　這是我第一次的創業，真的虧死嘅。不但把我所有積蓄花光（折曬）嘅，就連我父親（老豆）的棺材本也賠了上去，好幾百萬。就這件事情以後，我本以為自己的名字在風水玄學上有什麼地方相沖，就由原來的馮錦強，改名為馮英倫。但是現在想一想，覺得有點心裏鬱悶著，政府不是說保護和支持我們這些非遺文化項目的傳承人嗎？為什麼（點解）我們作為馮氏木版年畫非物質文化傳承人的創業是如此（咁鬼）的艱難呢？我們在文化藝術上付出這麼多，就得到這樣的一個結果嗎？

　　我找了（搵咗）幾個筆手幫把我創業的整個過程用文字記載下來，在網絡上的各大媒體都發了貼，頓時很多網民都對於我們文化遺產傳承人創業的失敗給予同情。我作此舉動就是想讓政府聽到我們這些文化遺產傳承人的心聲，別無其他的意思嘅。

FBT聽到兒子FYL這樣說，馬上生氣了，厲聲說道：

　　「你發布的內容不要（唔好）針對政府，不能夠與政府過不去。」

顯然FBT家已經失去了製作波羅符的動力，特別是傳承到FBT的兒子FYL這一代，波羅符製作極有可能會失傳。FYL說完以後，就去櫃子裏面找了幾幅木版年畫，展開其中的一幅告訴我們：

　　這幅畫名稱持刀將軍，是我爺爺（阿爺）的作品，已經有過一百年的歷史，是好有收藏的價值。我準備在我父親（老豆）八十歲的壽宴上出售這一幅，看能不能挽回多少（幾多）的損失。

　　FBT：其實這木版年畫也不多嘅，賣少見少，我家（屋企）只有十二幅，如果不是最近經濟困難，真捨不得賣。

此時FBT再次顯得有點失落，似乎是感到自己作為非物質文化遺產的傳承人，到了八十歲高齡還要承擔如此大的責任。我轉變了話題，提出想看看印波羅符的那塊原木刻版，FBT馬上就答應了。只見他拿了把椅子，站到椅子

上，在櫃子頂上找了一陣子，拿出了幾塊用報紙包裹好的木版。拿下來以後，他小心翼翼地打開了報紙，露出來幾塊與墨硯相似的烏黑木塊。他指著其中一塊木版，介紹說：

> 這就是當年父親（老豆）用來做波羅符木版年畫的原木版，至今已經有一百多年的歷史，你們看那雕刻紋路還是相當的清晰，如果現在用它來印一萬幾千張波羅符也不成問題嘎。

只見一塊非常烏黑的木版上，清晰地刻畫了南海神和文武兩官的圖案，該圖案以線條形式表達為主。據 FBT 介紹，該木刻版與製作成的年畫成陰陽線條表達，即木刻板所凸出的部分即是畫面上能著色的部分。他還介紹該木頭材料為樟樹木，也就是用來做龍船龍骨的木頭，因此可以反覆地印年畫之用。他然後翻轉了該木刻版說：

> 文化大革命時候，我家（屋企）被紅衛兵通通搜了一遍，幾乎所有的木刻版都是當時所毀壞嘎，不是被砸爛就是被用火燒了。該木刻版在當年也難逃一劫，也讓他們砸了（整爛曬），只是後來我把它拼好嘎。

> 如果當年不是我偷偷地把它用油布裹著，藏在灶底，可能你們現在也看不到嘎。在二十年前有個收藏家出到五萬塊來買我這塊木刻版，我當時也不接受。但是，今天（今日）實在經濟上有困難，如果現在（宜家）有人能出到三十萬塊來收購它，我會考慮出售（賣嘎）。

然後，他又拿著另外一塊木刻版給我們看。只見這塊板上面的圖案被磨平了，只是依稀地看到有一條條斷斷續續的線條，他說：

> 這塊也是父親（老豆）留下來印波羅符另外圖案的木刻原版，這塊版是我父親（老豆）親手雕刻嘎，也代表他那個時期雕刻藝術的最好水平。你們可以看，圖案還是可以依稀而見，可見當年的刀工有多了得。但是，這塊木刻原板就沒有這麼幸運（好彩）喇，在文化大革命時候，就讓紅衛兵發現了，把板上的圖案全部鏟平，當時還扔進火堆裏面燒，我當時看到紅衛兵一離開，就馬上把它從火堆當中救翻出來嘎。顯然上面的圖案不清晰喇，但『洪聖大王』這幾個字還是隱隱約約能夠看得到。

從訪談中我們可以看到到波羅符的曾經輝煌的歷史以及其目前生存狀況的艱難，也看到了這項歷史文化遺產的日漸衰退。現在，這位佛山木版年畫的

傳承人，沒有再延續祖輩繼續製作波羅符，波羅符到了 FYL 這一代已經慢慢淡出。後來，到了 2016 年 12 月 13 日我和 FYL 又見了一次面，他向我講述他的一些新想法，就是將他家族和木版年畫的歷史和故事拍成電影，也作為對文化遺產的一種宣傳和傳承。我問他是否會把波羅符與馮氏家族的故事也一同宣傳，他表示認同。〔註 25〕

巧的是，項目組成員在崇拜海神天后的東莞漳澎村調查時，這個線索再次被連了起來：

民間傳說：洪聖王為何到了波羅廟？

許多老人家都跟筆者說過，深圳赤灣廟那塊地本來是被洪聖王先相中的，因為那塊地風水非常好，形似龍口。洪聖王為了表示那塊地屬於自己，便在那裏放了一個銅錢作為標記。後來天后也看中了這塊地，便把頭上的髮簪取下來，插在洪聖王那個銅錢的孔中。洪聖王和天后誰也不讓誰，鬧至天庭找玉帝裁判。玉帝把地判給了天后，洪聖王只能「好男不與女鬥」，回到自己的波羅廟。下面是一位神婆給筆者講述的這個傳說，當中添加了不少當地人的一些想像：

問：天后是怎麼樣升仙的？

答：天后是掌舵才升仙的。那天她在船頭，坐船去媽灣（深圳赤灣）〔註 26〕，還差幾個字〔註 27〕就到了，看到香港那邊有個地方像一個鉸杯，就趕緊駛鉈去那邊佔據位置升仙。

問：那只船是什麼時候開去媽灣的？

答：就是三月二十三天后誕的時候開去的。三月二十三日是天后的生日而不是她成仙的日子。

問：為什麼她要去霸佔位置呢？

答：因為她要和洪聖王斗法，她和洪聖王都看中了那塊地。不過洪聖王先霸佔了那個地方，他放了一個歲錢在那裏，天后看到後就用一支金簪穿過歲錢眼，說洪聖王欺負她這個大姐。然後天后就

〔註 25〕本段調查和撰寫者為中山大學人類學系筆者的博士研究生王曉青，後納入其博士論文《靈性的重塑——廣州南海神廟的視覺建構》第六章第二節，中山大學，2017 年。

〔註 26〕在天后的傳說記載中，其出生和成仙的地方都在福建，不可能在村民所說的深圳赤灣。此處為村民對天后娘成仙的想像，以確立漳澎天后的「娘家」——赤灣天后地位的正統性。

〔註 27〕字，粵語時間單位，1 個字=5 分鐘。

找玉皇大帝打官司，說洪聖王欺負她，用歲錢套住了她的花簪。玉
皇大帝就把這塊地判給了天后。實際上呢，應該是洪聖王先到那個
地方的。不過玉皇大帝把那塊地判了給天后娘娘，洪聖王只好回了
他的波羅廟，說自己「好男不與女鬥」。

漳澎村中有不少老人都知道這個傳說，是聽老一輩講的故事，具體出處未
知。仔細解讀這個傳說，我們可以找到一些有趣的象徵和隱喻，可以反映出當
時廣府人和福建人的一些族群關係。

根據深圳赤灣天后廟博物館記載，該廟始建於宋朝，明、清兩朝多次修
葺，規模日隆。前文已述，天后是來自福建的海上女神，其歷史可追溯到宋
朝。洪聖王的歷史則早很多，南海神廟早在隋開皇十四年（594）就在廣州南
海鎮南近海外建立。洪聖王在廣州、番禺、順德等地十分常見，保佑過往的
船隻和航海作業的人（包括疍民），是廣東人的海神。深圳赤灣一直以來是個
漁村，聚集了相當多的疍民來此謀生，這些疍民有來自廣東附近的漁民，也
有來自福建的漁民。不過赤灣與廣州地區較為臨近，在天后廟旁邊還有一個
「洪聖王」海灘。按理說，洪聖王的確是「近水樓臺先得月」，比天后娘這個
外地海神更熟悉赤灣地形，並比天后娘更早選擇這塊地方，與傳說一致。如
果洪聖王代表的是廣府人族群，天后娘代表的是福建人族群，那麼傳說便暗
示了赤灣這塊地本來有一批廣府人在謀劃給洪聖王建廟，以放上了銅錢標記
作為暗喻已給定金。然而卻被後到的天后娘（福建族群）略施小計用簪子刺
中銅錢孔來作為霸佔的標記。雙方只能找玉皇大帝來做裁判。筆者認為玉皇
大帝神階高於洪聖王和天后娘，且獨立於此兩神之外並擁有裁判權，暗喻的
便是當時的地方政府。玉皇大帝覺得雙方都有理，一時難以定奪，暗示兩個
族群都努力向地方政府爭取，使政府也難以作判斷。最後玉帝出於憐憫之心
把地判給了較為弱勢的天后娘，洪聖王只能說一句「好男不與女鬥了。」中
國封建社會是一個男權社會，男子比女子強，洪聖王最後那句話的意思便是：
「我比較強大，暫且將這塊地讓給你（這個弱女子吧）」，亦即暗喻當時廣府
漁民群體自認為自己的勢力比福建漁民群體強很多，輸給福建群體實在是心
有不甘。但傳說最終的結局又暗示了，較弱的福建漁民施計霸佔了這塊地方，
擊退了比自己早來、也比自己強大的廣府群體，彰顯了自己這個新來的群體
有相當的計謀與實力。

雖然這只是筆者的猜測，可能存在過度闡釋的嫌疑。但通過這過傳說，漳澎人也獲得一種榮譽感和自豪感。因為漳澎的天后是赤灣天后的「分身」，即是漳澎先民從赤灣帶回來的天后像，所以漳澎先民有可能是當時福建群體（或是帶有福建信仰的群體）中的一員。通過這個傳說，漳澎人更加迷信天后娘娘的厲害，因為她連法力如此強大、歷史如此悠久的洪聖王都打敗了。另一方面，作為信仰天后娘娘，並以天后為鄉主的信眾群體，天后娘娘就像漳澎村的代言人一樣。自己的代言人戰勝了歷史久遠、法力高深的洪聖王，也覺得自己臉上有光。這種對天后娘的崇拜，以及因天后娘而生的自豪感，筆者在田野中無時無刻都能感覺到。

「曉陰又曉陽」的包公

在漳澎，不少人家裏還放了包公像以方便拜祭。包公亦是漳澎人信仰生活中的重要神祇，漳澎人認為包公能「曉陰又曉陽」，專為人民訴冤訴苦，被人冤枉的人、受是非纏繞的人就會找包公。包公專為人民訴冤訴苦，被人冤枉的人、受是非纏繞的人就會找包公。神婆會念：「包公爺爺坐高望遠坐低望近，你在天為本，下地為子民。我受了冤屈氣，使我無路可走，需向你稟明，讓你主持公道。你是忠臣，要講道理。」然後就要問杯，如果一打就是勝杯〔註28〕，就表示包公也認為委託人受了冤屈，會幫委託人解決問題。如果陽杯就表示包公爺爺聽不清，要委託人再說一遍。若是陰杯就要再打一次，看能不能得勝杯。袁婆婆說，包公專為受冤受苦的人們，不讓人們受冤情。「受冤情就是受人欺負，就像我本來沒有做的事情，你偏說是我做的，那就是蝦我（欺負我）。這就要去向包公爺爺那兒稟告。除了可以主持公正，包公還是一個能驅鬼治病的神。」袁婆婆解釋說。曾經當過鬼婆的李婆婆說包公「曉陰」，可以看到病人身上是被什麼鬼纏身，然後讓這隻鬼回到他原來的位置去，不准其再依附在生人身上，從而病就好了。除了降身治病，還可以從包公神像那裏「求神水」。具體做法是病人的親屬要先找一個瓶子，裝半瓶水，然後在裏面插三支點燃的香。口中念：「請包公爺爺，上山採藥，高山採藥，大山採藥，小山採藥，大河小河採藥，採神仙藥，落進神仙樽處，給某某，隨後氣數就好，沒病沒痛身體健康，出入平安，長福長壽。」念完之後，將香從瓶口拿出，瓶子裏的水就是求到的「神水」了。

〔註28〕 華南地區民間常見的一種與神溝通方法。

齊天大聖信仰的秘密

一說齊天大聖，大家就會想起《西遊記》中的孫悟空。漳澎人所信奉的齊天大聖，的確有一部分與《西遊記》中的孫大聖一致，但又有異樣的地方。實際上，齊天大聖信仰最盛的地方在福建，起源也在福建。學術界有不少學者認為現在的齊天大聖信仰是福建的猿猴信仰與《西遊記》中的齊天大聖混合而成的。日本學者中野美代子通過查閱中國古籍與印度神話，認為《西遊記》的故事原型是來源於福建的猴精信仰，其能翻一個筋斗十萬八千里則是受印度史詩《羅摩衍那》裏神猴哈奴曼的影響。〔註29〕徐曉望通過考察閩人猴精傳說與《西遊記》的齊天大聖形象，同意中野教授的觀點。他在《論瑜伽教〈西遊記〉的眾神世界》一文中指出「最早完成《西遊記平話》故事構架的是南宋福建永福縣瑜伽教徒張聖君」，從而認為孫悟空是福建民間神話中的一個小妖精。〔註30〕福建師範大學碩士研究生黃活虎在其畢業論文中綜合有關齊天大聖信仰的研究與自己的田野調查，他認為「閩人好巫」，唐宋時期便出現了猴精信仰，為「惡猴」而立廟祭祀，後來被福建生育神臨水夫人收編，成了保護小孩的「丹霞大聖」。由於其形象與吳承恩的《西遊記》中的齊天大聖形象極為相似，許多猴王廟都被改稱為「齊天大聖」廟，民眾漸漸地把二者形象混為一談，現在已難以分清。〔註31〕

誠如張振江教授在《麻湧民俗志》中所指出的那樣，齊天大聖信仰主要見於福建的福州、莆田一帶，在及潮州、香港和臺灣亦有大聖廟的蹤跡。在漢人社會中，似乎凡信奉孫大聖的地區都是同行閩方言的地區，大聖似乎是閩方言人民的神祇。現在的麻湧地區同行粵方言，而其他粵方言地區迄今未見有供奉孫大聖的。因此，比較可能的一個解釋，就是在麻湧的人民中，有一部分人歷史上來源於閩方言區。〔註32〕在海外華人社區，新加坡華人還組織朝聖團到閩北順昌，舉行齊天大聖文化朝拜活動。東莞的地方志或民俗研究中很少提到齊天大聖信仰，但麻湧地區的確有不少地方信奉著齊天大聖，還有移民把這個信仰帶到了柬埔寨。

〔註29〕（日）中野美代子：《西遊記的秘密》王秀文譯，中華書局 2002 年版。
〔註30〕徐曉望：《論瑜伽教與〈西遊記〉的眾神世界》，東南學術，2005 年第五期，第 35 頁。
〔註31〕黃活虎：《福建齊天大聖信仰研究》，福建師範大學碩士學位論文，2006 年。
〔註32〕張振江、陳志偉：《麻湧民俗志》，汕頭大學出版社 2008 年版，第 268 頁。

齊天大聖在漳澎

在漳澎天后宮裏有一個很小的齊天大聖像，就擺放在行宮天后像的左手邊。問及漳澎人有關這個齊天大聖的信息，他們並不太清楚，只知道齊天大聖正如《西遊記》中描述的那樣法力高強，可以驅走妖魔鬼怪。然而在一次偶然的採訪中，一位十分虔誠的婆婆帶筆者到一位鬼婆家做客的時候，筆者發現該鬼婆家居然供奉著齊天大聖像，從而揭開了漳澎「聖爺」的神秘面紗。

聖爺像：調皮的「細蚊仔」

據一位已經80多歲的李婆婆說，聖爺是個「冭鬼仔」（當地土話，記音文字）、「細蚊仔」，即小孩子的意思。這就與《西遊記》中的齊天大聖形象非常不同。漳澎人所供奉的聖爺神像個頭都很小，加上帽子只有15釐米高，而且聖爺戴的帽子很長，約有4釐米左右，因此聖爺「淨高」不到10釐米，比其他神像都矮（參照圖2-5，被塔香擋住的便是聖爺像）。漳澎聖爺像戴著一頂小丑帽一般的帽子，身穿一件印著花朵的圍裙，手藏在了圍裙後面，而且漳澎聖爺像的頭上都沒有戴著金箍，手上也沒有拿著金箍棒。這麼看來，它一點都不像《西遊記》中所描述的齊天大聖，反而真有點像李婆婆所說的「是個小孩子」。李婆婆還說，齊天大聖和普通小朋友一樣，很調皮的，會跟著小朋友一起跑、一起玩，所以他能保護小朋友免受鬼怪的騷擾。「聖爺的法力相當厲害，被封為齊天大聖嘛，所以很多小朋友契他。他會保佑小朋友長命百歲。雖然保壽爺也很多人契，但契齊天大聖的更多。」李婆婆還說，由於聖爺是「冭鬼仔」，還是個小孩子，所以神職層次不是很高。若以她家裏供奉的神像來進行神階位排序的話，則是玉皇大帝→觀音菩薩→天后→王母→包公→聖爺。

聖爺與鬼婆

李婆婆家裏放著一個齊天大聖像，是十幾年前在麻湧買的，每天都要上香給它，擺一些果品在她跟前，因為它是馬騮（粵語，猴子）王，喜歡吃水果。除此以外，還要每年給擦擦身子，換一次新衣裳，以示尊敬。她在農曆八月十六聖爺誕當天還去過東莞水濂山的水濂古廟拜祭孫大聖。時至今日，水濂古廟仍有舉行隆重的聖爺誕，吸引了眾多心中。有趣的是，一些婦女信眾會在廟前圍成一個圓圈來跳舞讓孫大聖降身，但很多婦女降了一晚都沒有效果。村民們說這是因為有「仙骨」的人才能使神明上身。李婆婆說她是在60多歲的時候才得到聖爺啟示的，之前都是在田裏工作。她記得有一天晚上，聖爺報夢給她，讓她出來為人民，做好事，她就當上了鬼婆。報夢之後就有靈力了，可以讓聖

爺降身，後來 70 多歲的時候便沒做了，就買了個聖爺像在家裏供奉，以答謝聖爺的信任。前文中曾提過另外一位鬼婆，她稱聖爺不僅報夢給她，還降身在她身上讓她打了半個月的工夫，當時大家都以為她瘋了。而她老公看她打工夫那麼難受，還試圖叫聖爺不要降身於她身上，不過最後還是挺過來了，從此以後獲得了「靈力」。那位鬼婆的家裏也供奉著一個大聖像，稱聖爺為「聖乖乖」，並覺得現在美好的家庭都是聖爺賜予給她的。「我生了五個女兒，一個兒子。現在一個女兒在糧所，一個女兒在石油公司，都是聖爺保佑的。每天早晚都會給聖爺上香，從早上七點就給聖爺上塔香，可以燒到晚上八點。」

在福建地區，也有像漳澎鬼婆這樣的角色，叫做「乩童」，是福建民間中介人的俗稱。一般而言，一個乩童往往就是一位特定神靈的依附體，在自家裏供奉著附體神的神像，是神明的代言人。在善男信女看來，乩童被認為是神明在世間的替身，當乩童「上童」以後，他的言語舉止就是神明的言語舉止。〔註33〕漳澎的情況亦是如此，一個鬼婆只能是一位特定神靈的依附體，並要在自家裏供奉著這位神靈。據六坊的葉婆婆介紹，六坊還有一個鬼婆叫徐旺，也是可以降聖爺的，但她不會理睬陌生人。她說「這是因為以前管制得太厲害了，拜伯公也要槍斃，更何況降身這種迷信的事情。降身這種事情大家平時都不說的，是本地人才知道。」葉婆婆還說漳澎曾經有個鬼婆可以讓天后降身，與齊天大聖降身不一樣的地方是，天后降身不會打工夫，只會對信眾說話。另外，華陽村有一個鬼婆降楊八妹，即楊家將裏面的八妹，鷗湧還有個神婆是降楊四郎將軍。

聖爺降身以治病

李婆婆說，聖爺降身只管治病，其他一概不管，若是家裏牲畜生病了，屬於小事，也不管。據劉婆婆說，人生病了是因為「艾塞」（記音文字），即鬼，是搞人的，令人生病的。當病人來找她的時候，她就會拿出一個香爐，然後點上一根清香，口中唱著：「恭請齊王三哥，大哥二哥三哥，請你們三個出來為人民。」劉婆婆說，聖爺一共有三兄弟，降身的是大哥。然後就會告訴生病的人他是在哪裏摔了跤，在哪裏撞到人（鬼）了。若不是因為鬼作祟，他就會告訴病人你沒有鬼纏身，病人很快就能好了。若真是有惡鬼纏身，聖爺會通過劉婆婆的身體打工夫，一邊唱戲一邊打工夫，要打上半個小時，才能把惡鬼趕走。神奇的是打這麼久工夫，李婆婆說她的身體一點都不累，只是感覺頭有點重。

〔註33〕黃活虎：《福建齊天大聖信仰研究》，福建師範大學碩士學位論文，2006 年。

經過聖爺打工夫之後，附在病人身上的「艾塞」便會離開，生病的人就好了。拜神婆袁婆婆說，「神是管不了鬼的，只有降身才能管鬼，遇著鬼了就要找鬼婆。」在漳澎人的觀念中，天后、金花夫人甚至觀音等神佛都不能管鬼、治鬼，只有聖爺和包公可以管鬼。「因為聖爺是降魔除妖的，包公『審陰又審陽』」正好彌補了神佛的這個職能空缺，從而在漳澎的神靈體系中獲得了一席之地，通過降身來為村民驅鬼治病。

鬼婆的事神工作和拜神婆有點相像，但她有拜神婆所沒有的技能——降身。這不是每個人都能做到的，按照當地人的說法，能夠請鬼、請神降身的人都是有「仙骨」的。因此，在事神人員等級中，鬼婆的地位比拜神婆高出很多，甚至可以說是最高等級的。「仙骨」被當地人認為是神的安排，這些鬼婆都是神靈選中的人。鬼婆一般都有一個自己獲得「仙骨」的故事，並為村中人所知。如三坊的一位鬼婆便向我們講述了她獲得「仙骨」的經歷：

> 聖爺降身到我身上，（讓我）打工夫，打工夫到天台。當時老公看我難受，就跟聖爺說不要降身在老婆身上，太難受了。有一年農曆八月十五（聖爺）降身，至農曆十月十幾，每天打工夫，連子女都不認得。子女只能哭了。當時我很窮，聖爺跟我說不怕，會保佑我。聖爺只會將身在善男信女身上。師傅就說給聖爺造像，每天供奉，為人民做（好）事。

可見，「仙骨」的獲得者都會做出一些異於常人的事情，最常見的便是「打工夫」。通過採訪了幾個鬼婆後，發現漳澎的鬼婆主要是得到兩個神的將身——齊天大聖與天后，並以齊天大聖為多。這些鬼婆的家裏都放著齊天大聖像，每天用果品供奉。有了神靈將身的「仙骨」後，鬼婆也開啟了另一項技能——鬼降身。漳澎人相當熱衷於問鬼，當家裏有不順就會找鬼婆讓鬼降身問個究竟，再做相關的解禳儀式。甚至結婚前一個月也要做一個稱為「叫家宅」的儀式，就是讓鬼婆把祖先請上來，通知他們喝喜酒，問問他們對這樁婚事的意見。如果叫家宅的時候，祖先有不同意婚禮的，婚約就可能被取消。不過現在「叫家宅」都只是請先人喝喜酒而已，不怎麼詢問意見。與拜神婆相似，鬼婆幾乎全為中老年女性，只聽到一個個案說一位鬼婆的丈夫也能降身。

在人類學研究視域下，疾病的儀式治療是一個社會文化的建構過程。聖爺降身治病反映了漳澎人的疾病觀即疾病來自於「艾塞」，即鬼。在《西遊記》中，齊天大聖一路保護唐僧西天取經，擁有火眼金睛的它能夠一眼認出妖魔鬼

怪，這就好像現代西醫通過電子儀器看到病人的癥結所在，也像中醫透過望聞問切的手法瞭解病人的肌理。人們認為聖爺能夠通過它的火眼金睛，看到常人無法看見的、引發疾病的「艾塞」。另一方面，齊天大聖懂七十二變，手持金箍棒，一路上斬妖除魔的形象相當深入人心，於是，人們自然而然地把齊天大聖看作驅邪鎮妖的神靈，從而達到治病的功效。在貧窮落後、生產力不發達的漳澎，這樣的「巫醫」有其生存的空間。雖然漳澎也有醫生（以前有中醫、赤腳醫生，現在還有現代西醫治療），但是醫療技能相對薄弱，而且有許多疾病是醫學界尚無解決辦法的。粵人尚巫，用巫術來治病在嶺南地區流行已久。面對這些醫生也束手無策的疾病，村民只能將希望寄託於這些古老的神秘力量上，作為一種「心理安慰」。〔註34〕

賣波羅符的老人，在地上用水書寫「海不揚波」。廣州，2019，鄧啟耀攝

波羅符「洪聖大王」的幾種版本。

〔註34〕本田野考察實錄由項目組成員、中山大學人類學系碩士研究生區海泳調查撰寫（2014）。

波羅符「卦鎮四方」　　　　　波羅符　　　　　波羅符「包公座鎮」

波羅符「引福歸堂」　　　波羅符「和氣生財」　　　波羅符「齊天大聖」

紙符以貴人紙為多。廣州，2019，鄧啟耀攝　　　賣波羅符的攤位。廣州，2019，鄧啟耀攝

田野考察實錄：廣東東莞漳澎的「天后」和女神

漳澎村（曾名平樂村）位於廣東省東莞市麻湧鎮，地處麻湧鎮南部，東與沙田鎮一河之隔，南與番禺海心沙、蓮花山隔海相對，西連新沙港，北臨大步村。總面積為 24.9 平方公里，包括 10 個坊與 3 個自然村（角尾、新沙、花枝園）。據 2008 年統計，全村人口 13135 人，為麻湧鎮乃至東莞市人口最多的村莊，其中戶籍人口 12108 人，外來暫住人口 1027 人。〔註35〕本文的調查點是漳澎村主體十個坊，不會太多牽涉其他 3 個自然村。漳澎村的土地是清朝才逐漸形成的沙田，但成村的時間了分歧。《麻湧鎮志》的創修人員對此也沒有形成定論。在《麻湧鎮志》的大事記中，認為漳澎立村於清康熙二年（1663 年），而在行政區劃及地名中的村落簡介中，認為清康熙十二年（1673 年）漳澎立村。而由漳澎地方精英胡裕祥所提的《思賢亭碑記》卻認為「漳澎立村於嘉慶年間（1760 年～1820 年），始建於新莊，初時村舍隨著潮水漲搭棚而居，因而名「漲棚」，諧音改稱「漳澎」。同治元年（1862 年），曾改名「平樂」……」。中山大學碩士研究生吳俊在其碩士論文中從宗族資料、墓地、古地圖和古樹齡推算，認為漳澎成村於嘉慶年間是有古籍（古地圖）與現實依據的，但康熙年間卻找不到相應的證據。〔註36〕此外，筆者的一位漳澎報導人張伯伯也認為漳澎成村年份應該不會在康熙年間那麼早，「因為漳澎主廟天后廟的牌匾寫著『同治辛未年（1871 年）重修』，為第一次重修。若天后廟初建於 1673 年（《麻湧鎮志》記載漳澎的成村時間）後不久，那麼從初建到修葺相隔 200 年也太多了。」〔註37〕由現有的宗族資料看來，最早遷入漳澎的移民中，林姓於 1771 年遷入漳澎、一二坊劉姓始祖劉永耀於 1774 到漳澎定居、上魁陳姓一支已傳 10 代。由此可以推斷，漳澎的歷史大約是在 200～250 年左右，歷史較短。

然而，這麼晚成村的村子為什麼卻能迅速發展成東莞市人口最多的村子呢？筆者認為正是因為漳澎成陸較晚、四周環水且偏離政治中心，大量未開發、未被認領的土地吸引了四面八方的移民、流民。另一方面，漳澎地處鹹淡

〔註35〕東莞市麻湧鎮志編委會編：《東莞市麻湧鎮志》，中華書局 2012 年版。

〔註36〕吳俊：《平樂春秋──一個珠江三角洲村落傳統社會之研究》。中山大學碩士學位論文，2008 年，第 45～50 頁。

〔註37〕ZJH（74 歲），筆者於 2013 年 10 月 2 日在張伯伯家獲得的訪談資料。（為保護受訪者隱私，本文中的受訪人姓名都經過模糊處理。）

水（獅子洋與漳澎湧、淡水河）交界處，魚獲豐富，所以成為周邊漁民「上岸」的好地方，並以「漁農」結合的生計模式為主，核心家庭式是其主要的生產單位。雖然大部分當地人都宣稱自己祖上是種田的，但卻與其宣稱漳澎早期（20世紀初）為「魚米之鄉」所衝突。此外，與周邊村子以北帝、洪聖王等為主神不同，漳澎的香主（村落主神）為漁民的守護神天后，由此可以推斷漳澎有不少人的來源是漁民。

如此多的人口必須要有大量的土地才能承受，而沙田的堆積、開發是一個漫長的過程。根據觀察，筆者認為漳澎並非一開始就形成如此寬廣、連續的土地，而是在不斷的人口遷移和沙田開發的動態歷史過程中，由三個小村子逐步發展起來的。漳澎除五坊和六坊部分土地外，十個坊是連成一片的，卻一直以來被劃分成三大塊。解放前期分為「東慶坊」、「南安坊」和「南盛坊」，對應的是現在的一片（一二三坊）、二片（四五六七坊）和三片（八九十坊）。而這三片之間，各自都有一個土地宮管理各自的土地，可以作為一個小村的標誌。此外，三片之間的口音也不同，在以前（20 世紀初中期）甚至還存在溝通困難，這應該是地理隔離所產生的現象。

縱觀漳澎的歷史，我們發現：一個村落，在一段不長的時間內，容納了來自四面八方的移民、流民，並且使這些人能共處生存。雖然當地沒有什麼文字記載，但是通過其信仰以及人們的口述歷史，還是可以補充這方面的遺憾。因而筆者認為，漳澎是有一個有著人類學探索魅力的村子。

漳澎的「天后」

在當地，漳澎其實有兩個不完全相同的意思，一個是指漳澎自然村，一個是指漳澎行政村。作為行政村的漳澎村，現在包括漳澎村和另外三個獨立的自然村，分別是花枝圍、新沙和角尾。〔註38〕作為自然村的漳澎現存兩座神廟，為天后宮與金花廟，是個別村民集資重建的。以前還有一座文武廟，供奉著文昌與關帝，但文革拆除後就沒有再建起來。每一片都有一個土地宮，而三坊的土地宮則是隨著金花廟重建而建起來的。此外，村裏還有極少數基督教徒，並使用十坊的一座新房子作為禮拜的教堂。

〔註38〕《漳澎調查》即刊稿，第一章第一節。

自然村漳澎的廟宇空間分布圖

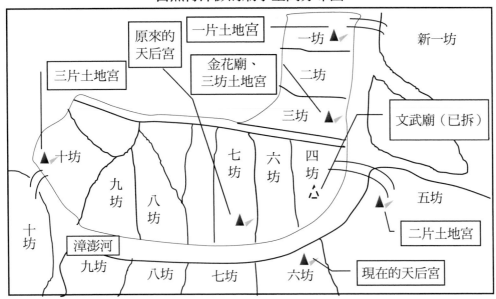

天后宮

天后宮的「前世」

漳澎天后宮原址。廣東東莞，2013，區海泳攝

現在的天后宮。廣東東莞，2013，區海泳攝

　　在漳澎，村民視天后娘娘（媽祖）為香主，也有村民說是「鄉主」，即一鄉之主的意思，可見天后娘娘在漳澎村民心中的地位，因此天后宮是村裏最重要的廟宇。天后宮原來地處漳澎中心南安坊，旁邊是漳澎最早出現的祠堂

之一——陳氏祠堂。50年代～60年代時，受破四舊、文革影響，一些激進青年、紅衛兵將天后宮裏的菩薩都推倒了，那時有個當地人稱為「華姑」的大姐〔註39〕撿了天后像，放入自家的私人住宅供奉。原來的天后宮也變成了村委辦公的地方，後來村委搬到村外的新辦公室，天后宮又「變身」為大隊辦公室。

天后宮在漳澎村的地位極其重要，不僅因為天后娘娘是漳澎村的鄉主，也因為當地人認為要先立廟才能立村。以下是一位75歲丁姓老人對我的述說，在實際調查中，有好幾位村裏德高望重的老人都對我表達了如下看法：

問：您認為為什麼大家會遷到漳澎來呢？

答：就像客家人那樣，他們在北方兵荒馬亂，或者戰亂的時候，就跑到來廣東。那跑來廣東的話，肯定是到一些偏遠的地方才沒人管理，容易建房，大家團結地聚居在一起。我聽說，最早來漳澎居住的那些人就修建了天后廟。舊社會都是漫天神佛的，一定要先建一座廟，鎮住各種妖魔鬼怪，才可以建村，才可以住人。

另一位74歲的張伯伯在與筆者聊起漳澎的建廟歷史時，同樣也從天后宮聊起。他說：「我們有間天后廟，有塊牌匾寫著『同治四年重修』（1865年），所以立村時間該早於同治。而且廟從剛剛建起到需要修繕，估計至少也有三十年的時間，所以我推算最晚咸豐（1851～1861年）的時候便已經建廟了，立村的時間該再早一些。」

據老人回憶，原來的天后宮十分大氣，為「三進」〔註40〕結構，可以算是漳澎村裏最高級別的建築。天后宮地處漳澎村的最中間地帶七坊（也是村民口中村裏最早有人居住的土地），地理位置得天獨厚，並且前面有一塊大地堂〔註41〕，可以舉行大型儀式和娛樂活動，是村裏的儀式中心與娛樂中心。70歲以上的老人回憶說，只要一進去天后宮就會看見一個怒髮衝冠，粗眉怒目的地方神，小孩子都有點怕他。但具體這個地方神是什麼，老人們紛紛表示已回憶不起來。進門後，會經過兩個天井，大的天后像就放在廟裏最裏面房子的正中位置。大的天后像是泥塑的，塗上金漆，頭上戴著一頂頭盔，相當威武霸氣。

〔註39〕 注：漳澎村人稱未結婚的婦女為大姐或娘仔。據村民介紹，這位華姑終身未嫁。

〔註40〕 三進是量詞，房子前後三個院子，三棟房子，每一棟房子加上前面的院子稱為一進，房子也有兩進的，三進的，一進的也有。

〔註41〕 平整的空地。

由於當時天后廟的煙火相當旺，天后娘娘的像都被煙火而薰得黑亮黑亮的。可惜文革的時候，大天后像被紅衛兵的人打碎，推到河裏去了。原來的天后宮裏還祭祀著一個小天后，便是坐在大天后像旁的行宮天后像，亦即現在天后廟裏供奉的天后像。每年天后誕，漳澎人便會把行宮天后抬到深圳的赤灣天后古廟中祭拜，再帶回漳澎，此儀式被稱為「天后回娘家」。漳澎人認為，天后娘娘是出生在深圳赤灣的〔註42〕，而漳澎的天后則是赤灣天后的分身，所以每年必須帶漳澎天后回娘家。而以前的天后廟裏還供奉著什麼神，70多歲的ZJH伯伯稱天后娘娘左邊坐著「北方鎮武玄天上帝」（北帝），右邊坐著「南海廣利洪聖大王」（洪聖王），然而，大多數老人們都表示已經記不清楚了。若真如ZJH伯伯所說的那樣，這是一個很獨特的現象。此三位神明都是「掌水」的，神職功能較為重複。筆者在周圍的村子都沒有見到三位海神一同坐於廟堂中間的擺法。可見漳澎人對水的依賴與畏懼。

天后宮的「今生」

自從天后神像被紅衛兵搗毀後，以前的天后廟就改建成了大隊辦公室，並用作行政用途至今。村民們多次向村委反映，希望政府能把大隊辦公室還給村民重建天后廟，但一值得不到政府的批准。

現在的天后廟是一間民居，這間房子位於六坊〔註43〕，是當時把天后像撿回家的華姑的住房。受到破四舊的影響，原來的天后宮遭到紅衛兵的嚴重破壞，幾乎所有神像都被砸爛扔到河裏，連村民最敬重的天后娘也不能幸免。大的天后像被砸得面目全非並沉入河裏，小的行宮天后順水漂流，被一個叫華姑的大姐發現並揀起來，藏到了自己的家中，不跟其他人提起這件事。待事情過去幾年後，與華姑關係好的、神心〔註44〕的一些鄰居會偷偷摸摸地去拜祭天后，以求保佑與安心。到了20世紀70年代末，政府不再嚴格禁止迷信活動的時候，村民們又恢復了對天后娘娘的祭拜，直到現在。村民們還在津津樂道華姑保留了天后娘的故事，甚至為其添上了迷信的色彩。不少老奶奶告訴筆者，華姑和天后娘一樣都是大姐，沒有嫁人，並且華姑對天后娘一直非常虔誠，所

〔註42〕眾所周知，按照傳說，天后林默娘是出生於福建莆田，但漳澎人並不知悉。所以漳澎人認為天后娘娘是來自與鄰近的深圳赤灣，漳澎天后是赤灣天后的分身。

〔註43〕這裡的六坊是50年前左右填的新土地。隨著漳澎人口的迅速發展，村民只能在漳澎河對岸填埋土地建房子，並按照原來的劃分方法界定坊數。

〔註44〕神心，「虔誠」的粵語說法。

以有一天晚上天后娘娘給華姑報夢了，讓華姑把「自己」揀回來並藏起來。華姑按著夢境的指引，果然找到了行宮天后像，然後一直藏在家裏供奉，才有了現在的天后宮。

　　筆者做調查的時候，華姑早已仙遊了，不過華姑的妹妹汝姑尚在，並順理成章地成為了現在天后宮的管理人。當筆者跟汝姑敘述了婆婆們所講的華姑傳說時，汝姑一邊承認天后娘娘有報夢給她姐姐，一邊又說她姐姐只是在勞動的時候發現了天后像，前後有矛盾。從以下的訪談記錄，可以說是當地人神化天后娘娘的體現：

　　　　問：當時你姐姐為什麼會去撿回天后呢？

　　　　答：那個時候我姐姐在割禾曬穀，看到天后娘娘被人扔到地上。她就把天后娘娘悄悄地撿了放到籮筐裏背回家。

　　　　問：當時天后娘娘是被誰扔出來的呢？

　　　　答：是那些童子軍、那些反叛的青年掃肓，他們把天后娘娘掃出來。

　　　　問：聽別人說是天后娘娘報夢給您姐姐的，是嗎？

　　　　答：對呀，天后娘娘報夢給我姐姐，讓我姐姐快點去撿她。我姐姐說過天后娘娘穿得很漂亮，戴著頭盔。她當時曬穀就偷偷把天后放到籮筐裏帶回家。附近的一些熟人知道後，就偷偷到我姐姐家裏上香。

　　　　問：那不怕被人發現嗎？

　　　　答：那個時候沒有那麼嚴重禁止的，知道的人就會過去上柱香。

　　　　問：那是什麼時候拿出來，放在屋裏公開給人拜祭？

　　　　答：後來我姐姐蓋到一間房子，她沒有結婚，就和一些年輕的女孩子一起住，就是娘仔房。後來沒有人管拜神了，大家就都過來拜了。

　　漳澎村人相當敬畏天后娘娘，相傳當年把天后像打爛的人都被天后娘娘懲罰了，「個個都活不長，沒有一個有好結果，連兒子都生不出來，後代都沒了。」六坊的梁伯伯告訴筆者。相傳還有一個人把天后像上的衣服脫了下來給自己的孫子穿。因為天后是大姐，這樣做實在讓天后太難堪了。穿了天后衣服的孩子不久就死了，而當年把天后衣脫下來的人也在 3 年後死去。村人都說，「這便是報應。」

天后廟裏的神

現在的天后廟裏供奉著天后、齊天大聖、王母娘娘、觀音帥府尊者、北帝、關帝、包公、金花夫人、七姐和華山聖母。其擺放位置如下圖：

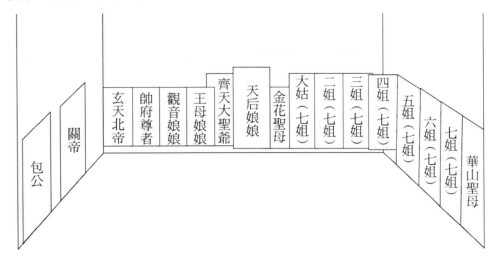

漳澎村天后廟的神靈空間排列

漳澎行宮天后像。廣東東莞，2013，區海泳攝

根據漳澎人的說法，天后娘娘是保佑漳澎子民的守護神，尤其是保佑出海平安、身體健康和龍船出鏢順利。王母娘娘則是玉皇大帝的老婆，不受人間煙

火。觀音菩薩則是普渡眾生的神明，地位僅次於玉皇大帝。一般來說，齊天大聖信仰常見於福建、江西和臺灣地區，而在廣府地區相當少見，這可算是東莞的特色之一。據當地神婆介紹，齊天大聖可以治鬼。關於玄天北帝和帥府尊者的來歷與作用，漳澎人都不太熟悉，籠統地認為是治病、保佑身體健康的。但是在漳澎周邊的村子，如比漳澎成村要早得多的大步、新基和麻湧，此二位都是重要的神。廣東沿海地區普遍有北帝信仰，為主水的神，然而漳澎已有鄉主天后管水，北帝的功能就被取代了。漳澎的關帝信仰與廣府的關帝信仰基本一致，不僅能保佑家宅平安，亦能招財，為武財神。

在天后廟右側放著的是七姐七娘，也是漳澎人心中一群重要的神祇。七姐傳說是玉帝的七個女兒，小女兒還和牛郎有一段浪漫的愛情故事。東莞水鄉人相信在七月初七姐誕的時候，去埠頭洗七姐水，就能使（身上）沒瘡沒爛，身體健康。此外，當天接的「七姐水」也能一年不壞，清涼甘甜。據九坊黃婆婆所說，漳澎也試過在七姐誕當天「擺貢」，一群大姐坐在一起做手工。趙姓和一坊涼棚曾經擺過一臺。以前七月初六半夜十一點，大姐們便會到埠頭用七姐水洗身（擦擦身子），每個大姐都穿上用一針一線縫製好的紗綢新衣服，可以是自己母親做的，也可以花錢讓別人做。然後到天后廟（舊廟）拜神。拜完神后，就回到娘仔房一起吃水果、吃粥，坐過夜（聊天到天亮），十分熱鬧。拜七姐需要胭脂水粉（七姐粉），七口針，七條紅綠線，菱角和白欖，果品，三杯酒，三杯茶。大姐要表演穿針，一次穿過就說明手巧、機靈。穿完針後，就擦七姐粉。七姐粉像蟑螂屎那麼大，傳說是七姐在天上擦粉的時候掉下來的。擦了七姐粉可以去掉臉上的痣。娘仔房裏十幾個大姐，大一點的大姐就煮齋、吃齋，也會點著漁燈劃上一個多小時扒艇到麻湧買東西。父母、兄弟姐妹都相當支持大姐買東西過七姐誕，父母會出錢給女兒買東西。現在儀式已經相當簡化，就是七姐誕當天到天后宮拜祭便好了。

漳澎的神廟都有一個土地公在廟門旁邊守護著。據村民介紹，在天后廟裏，天后娘娘是最大的，第二便是土地公公了，所以拜完天后主神，就要上香給廟裏的土地公公。平時初一、十五，都會有許多婆婆到天后廟上香，以求安康。

漳澎的主要神誕

時　間	神誕名稱	備　註
正月初一	玉皇大帝誕	對著當天上香拜祭即可，燒玉帝衣

正月二十	土地誕	各片村民到所屬土地廟拜祭，燒土地衣
二月初二	婆娘誕	保佑小孩健康成長，聽從教導
二月初七	水龍王誕	用麵粉鴨子賄賂水龍王和水鬼，免其「吃」掉生人
三月二十三	天后誕	漁民的守護神，保佑行船。漳澎有「天后回娘家」習俗，每年天后誕前四、五天將漳澎天后帶到赤灣天后宮祭拜。
四月十四	包公誕	曉陰又曉陽，可以主持人與人之間的矛盾，若人與死人（鬼）之間有糾紛也可以祭拜，與包公上契的孩子也要拜祭。
四月十七	金花誕	漳澎的生育神金花夫人的誕辰
六月十九	觀音菩薩誕	觀音成菩薩
七月初七	七姐誕	到河湧裏洗身能醫治痱子，當天到河湧裏打的水能放一年都不壞。女生祈求像七姐一般心靈手巧。
七月三十	地藏王誕	
八月十六	齊天大聖誕	漳澎村里人很少祭拜，多是神婆、鬼婆在家祭拜，或是到東莞水濂古廟祭拜
九月十九	觀音菩薩誕	觀音「轉輪誕」
十月十八	地母娘娘誕	二片土地宮裏供奉著地母娘娘，村民一般到那裏拜祭。
十二月二十四	灶君誕	非灶君生日，而是每年灶君上天稟告所在家庭之事的時候。正月十五接灶君回家。

　　很多嶺南地區的村子都有在神誕期間舉行「遊神」的儀式，即將神像抬出廟宇，到街上巡遊，保佑子民，但漳澎的神誕都沒有遊神儀式，除了天后誕時會把行宮天后抬到赤灣天后宮以外，但漳澎老人都說這不算是遊神。村民在日常生活中都會祭拜這些神，但神誕會更為隆重，還會準備給神的衣服（神衣），如玉帝衣、龍王衣、天后衣、觀音衣等。值得注意的是，除了觀音衣、玉帝衣和七姐衣的樣式是特殊的以外，各位男神和女神的衣服都是一樣的，拜祭時只需搭配不同的神符便可以了。縱觀漳澎村常見的神衣，模仿的都是中國封建社會中皇帝以及官員的服飾，然而，中國古代社會中罕見女性官員，漳澎卻有多位女性神祇，如觀音菩薩〔註45〕、天后娘娘、金花娘娘，其神衣的形制也和男性神祇神衣無異，只是通過帽子樣式、衣服顏色和鞋子樣式進行區分。

〔註45〕觀音大使在印度是男性，在中國民間卻以女性形象出現較多。詳細分析可參考徐華威、王水根先生的《觀音菩薩是男是女——中土觀音變性原因探析》一文，載佛教文化，2006 年第 6 期，漳澎人也認為觀音菩薩是女性。

　　由於人們認為玉帝是天上眾神的皇帝，因此他的衣服也必須跟世俗社會的龍袍一致，即為黃色，這是他與其他神衣最大區別的地方。玉帝衣由皇冠、龍袍和龍鞋所組成。符紙則由玉帝符和兩張紅綠貴人符組成。玉帝符上寫著「玉皇大帝真經，龍殿聖帝金鑾座，鳳閣群臣玉封旨。大道玄念真經至尊，妙國清淨三界混，玉皇大帝管諸天，神佛庇佑誠心人。」點出了玉帝在眾天神之中的地位，模擬的是皇帝與群臣之間的關係。所有的神衣都會包括兩張貴人符，上面寫著「四方大利，貴人指引，祿馬扶持」。其實貴人便是神派到凡間幫助人民辦事的使者，人們認為神賜福最主要的體現之一便是身邊出現了貴人，扶持自己的事業。

玉帝衣。廣東東莞，2013，區海泳攝　　男性神祇衣。廣東東莞，2013，區海泳攝

　　土地衣、水龍王衣和灶君衣等男性神祇所穿的都為同一套衣服，樣式為朝廷官服形制，即衣服顏色為深藍色，與玉帝衣區分開來，其他與玉帝衣沒有多大區別。

　　在漳澎人心目中，觀音大使為女性。在漳澎的神衣系統裏，男性神祇戴帽穿靴，女性神祇則戴冠和穿一雙粉紅色的小鞋子。鞋子的造型相當精緻小巧，是按照中國傳統婦女的「三寸金蓮」而設計的。在漳澎人的信仰體系中，觀音為僅次於玉皇大帝的天神。按照觀音的傳說，觀音衣為白色，無花紋，代表聖潔與無暇。衣服中間有一朵石榴花，寓意多子多福（石榴多子），此外還有觀音的拂袖及其蓮花座。

觀音衣。廣東東莞，2013，區海泳攝　　女性神祇衣。廣東東莞，2013，區海泳攝

其他女性神祇的衣服則是粉紅色的，有花紋。除了沒有蓮花座以外，其他樣式與觀音衣一樣。不過在在寺廟中，天后娘娘和金花夫人所穿的衣服是不一樣的，更有虔誠的信眾給廟裏的天后和金花買衣服穿。據黃婆婆說，她在廣州的狀元坊給天后娘娘買了一套材質很不錯的布製天后衣，包括上衣，下衣和鞋子，一共兩百來塊。不過頭冠由於造工精美，鑲嵌著很多漂亮的珠子，一個就要三百塊，黃婆婆便沒有買下來。黃婆婆說現在買布製衣服給行宮天后穿的人非常多，不僅要多添香油，還要到汝姑處排隊呢。給天后換衣服前要用香茅水給天后洗身，再換上新衣服。「若天后娘娘穿上你家準備的天后衣，那麼她便會加倍保佑你們家，所以很多人爭著給天后娘買衣服。」黃婆婆解釋說。

天后——漳澎村的主神

搖船軋槳拜「娘孃」

這句話是漳澎人常說的一句俗語，全句是「搖船軋槳拜『娘孃』，生仔夫娘拜金花」，意思便是在船上維持生計的、需要出海航行的人就要去拜天后，若是求子的則要拜金花夫人。漳澎人稱天后為娘孃，其他地方還會稱為天妃、媽祖、天后娘娘、護國元君天后娘娘等。天后崇拜起源於福建，最主要的神績表現在航海者的安全上，深受沿海居民的崇拜。據傳天后是福建莆田湄洲林氏

的小女兒〔註46〕，名默，因出生時不哭不鬧而取此名，小名默娘。南宋莆田人李俊甫在《莆陽比事》中稱天后「生而神靈，能言人休咎。死，廟食焉」，點出林默娘為一名巫女，能預測人的禍福。其保護航海者安全的傳說最早出自北宋末年徐兢的《宣和奉使高麗圖經》，稱天后在一次海難中拯救了宋朝派往高麗的一個龐大使團的生命，受到朝廷的褒獎和認可。而在後來的傳說中，不少都記載林默娘是因為在海上救人而死，死而屍體不腐或有香味，遂被認為非凡人，立廟祭拜。作為海上的守護神，天后一直以來都是水上人家或經常與水打交道的人的主神，尤其受到疍民的尊敬。

　　天后最盛在閩臺地區，通過移民而輻射到世界各地，一直以來都是漁民最重要的守護神。換句話說，崇拜天后的地方，定必跟漁民有多少關係，漳澎亦是如此。雖然筆者在做調查的時候，大部分村民都認為自己是農民或祖上都是農民，一直以來靠種地為生，也不願說自己祖上便是水上人家或疍民。而實際上，漳澎處於鹹淡水交界處，漁獲相當豐富，本來就有許多漁民到此打魚。後來有部分漁民看到這裡有無人耕種的高地，便通過自己勞動開墾荒地，使荒地成為自己所屬從而到陸上定居。眾所周知，在封建社會裏漁民是受盡歧視的，歷史上稱他們為「龍人」、「鮫人」、「疍」等。直到清朝雍正皇帝開放政策准許疍民上岸定居，情況才有了一點改觀。因此，漳澎這片成陸較晚且「無人認領」的土地便成了附近漁民上岸的首選，也吸引了周邊地區的剩餘勞動力到這裡發展自己的新天地，形成了漳澎「百家姓」的情形。以天后為主神，可以說明早期來漳澎開發的先行者中，有不少漁民，並通過自己努力在漳澎立村時掌握了話語權。以下是75歲的丁伯伯與筆者的一段訪談記錄，解釋了漳澎為何以天后為鄉主：

　　　　問：為什麼建的是天后廟，而不是別的呢？

　　　　答：你可能不明白，所有這些近海的地方，都是信奉媽祖，也即天后。你看福建、臺灣、澳門，都是信奉媽祖的。媽祖是保佑漁民出海平安、風調雨順的。

　　　　問：為什麼大步、新基村沒有天后廟呢？

　　　　答：可能他們比較裏一些（與漳澎相比距離獅子洋較遠），不過他們也是近海的，所以有供奉天后但沒有天后廟。

〔註46〕眾多歷史書籍記載林默娘是出生於福建莆田，但漳澎人一般認為天后是出生於深圳赤灣，詳見後文。

問：那是不是說最早來漳澎的是漁民比較多呢？

答：可以這麼說，要不也不會以天后為鄉主了。你看香港原來也都是漁民，多信奉天后，只是後來給英國就發展了。漳澎最早遷過來的都是在河邊搭棚而已，先在新莊搭棚，即現在的沿海高速公路附近，後來又有些遷到了角尾。我們以前在新莊那裏挖出過一些舊碗碟，所以肯定是有人住過才有的。現在那邊都已經建成了墳場。角尾村那邊的更加是漁民，當初我們這邊也有一部分人遷了過去。像角尾、花枝圍、新沙那些地方，都是四處流浪的漁民，發現那裏的漁獲相當豐富，就留在那附近打漁，最後定居在那裏的，慢慢就聚居成一條自然村。

當筆者詢問另一位報導人為什麼漳澎沒有北帝廟和洪聖王廟時，該報導人梁伯伯也給出了一個與張伯伯極為相似的答案：

以前這裡都是蛋家，蛋家就是（拜）天后，媽祖廟嘛。以前這裡都是水，沒有陸上交通，只有艇能通行。沒有田沒有地。日本仔來的時候（指20世紀30年代日本侵華），這裡有很多糧食的，是魚米之鄉。以前我們都知道自己是蛋家，用船來找吃的，叫『雞洲艇』，只是老一輩不告訴你而已。

蛋家佬是住圍口，就叫做蛋家艇、蛋家佬。我們現在都叫角尾和新沙做蛋家佬。只不過我們早一點上岸而已，他們晚一點而已。有些蛋家佬也種田，沒鞋穿的，整隻腳都是泥，很髒的。新沙、角尾的是圍口，是正宗的圍口佬。為什麼叫圍口呢？是因為以前的地都是地主的，用竹圍起來，請人（新沙、角尾）來種。竹僚不算屋，磚頭搭起來的才叫屋。」

除此之外，天后宮所在的地方還是漳澎最早期有人定居的地方之一，並為漳澎核心。很多年老的村民都告訴筆者，漳澎立村後，村民最早的定居地叫做「敦厚裏」，在七坊，就在天后宮旁邊。筆者認為，敦厚裏的敦應該為「墩」，表示由流水作用下由泥沙堆積而成的小高地，「墩厚」實際上是形容積聚了較厚的泥沙的土地，只是村民說著說著就變成了「敦厚」，當地人還笑稱說是因為漳澎人很敦厚所以才叫敦厚裏。墩，是一個漳澎人經常提起的地理名詞，所以筆者認為應為「墩厚裏」比較合適。陳忠烈先生所調查的大良亦是如此：蛋民聚其黨屬，搭茅僚而居，結茅僚而居，名之曰「墩」。蛋民之「墩」多喜集

結在平日祀奉的天后神寺之旁。清中葉，大良東門外海瀝沙天后宮一帶已有許多疍民連「墩」而居，漸成聚落。〔註47〕漳澎的開始亦像大良村一樣，圍繞在天后宮周圍形成「墩」，再慢慢形成聚落。漳澎老人也曾說過當地除了敦厚裏，還有很多別的墩，但是年代實在太久遠已記不清楚。以天后宮為核心來發展村子的模式，可能與水上居民極度信鬼、懼鬼有關。正如前文丁伯伯所說，沒有一座廟來鎮住邪神野鬼，人們是不敢立村的。由漳澎以天后為主神我們可以看出，早期來漳澎定居的人中一定有不少是漁民，而並非現在大部分漳澎人認為的那樣，一直都是「種田為生」的。開墾荒地從而定居下來，是疍民上岸最常見也是最能為自己爭氣的做法。因為一直以來飽受嚴重的歧視，即使雍正開放准許上岸的政策，疍民也是難以覓得一處棲身之所。由於漳澎聚集了大量上岸的疍民以及周邊地區剩餘勞動力，成村又較晚，所以被周邊較早成村的村子所不屑。漳澎人自己也調侃說：「嫁女不嫁漳澎，漳澎沒路走。（以前漳澎四周環水，只能靠扒小船進入，交通極其不便）」所以，漳澎大多是跟自己村子裏的人結成姻親，或是跟曾為漁民聚居地的喇沙、沙田聯親較多，而基本看不見有大步村或新基村嫁過來的媳婦。

天后宮——漳澎的中心

神聖生活的中心

說天后宮是漳澎的中心，並不僅僅指其位於漳澎村的中心地七坊，還指其在村民的神聖生活及世俗生活中都處於中心位置。作為神聖生活的中心，這相當容易理解，因為天后宮是漳澎的主廟，一年中最重要的儀式——天后誕及天后回娘家便是在這裡舉行。90歲高齡的陳伯伯多次跟我們強調，農曆三月二十三天后誕是漳澎一年之中最重要，也是最熱鬧的年節。當天全村的居民都會聚集到天后宮這裡，到天后宮裏進香祈福。而天后誕的重頭戲——天后回娘家，更是會吸引全村的人來看熱鬧。陳伯伯說當年他有幸參加天后回娘家，是相當光彩的事情，因為只有家裏有錢的男子和德高望重的老人才能參加，女性不能參加。這相當於一次公開展演，在眾人面前展示自己在漳澎的地位。

除了天后誕，還有許多重要年節需要在天后宮進行，如前文所述的打醮。而現在，雖然天后宮已經變成了一間小房子，但不妨礙其依然為最重要的儀式

〔註47〕陳忠烈：《明清以來廣東民間「天后」女神崇拜與社會經濟的發展》，《廣東社會科學》1994年第5期，第117頁。

空間。每個月的初一、十五，到天后宮上香的婆婆數量遠多於到金花廟或土地廟的。以下是農曆六月十五到天后宮的一位婆婆的祈福儀式記錄：

儀式時間：早上 5：30～6：10，總用時 40 分鐘

儀式人：梁婆婆（79 歲），新六坊人

儀式準備：先把準備好的果品盒放在天后像前方。果品盒裏放有蘋果和橘子（寓意平安大吉）、腐竹（諧音富足）、糖果和紅棗（寓意甜甜蜜蜜）、花生。點塔香，再添油，然後上香。由於天后是這座廟的主神，所以第一柱香要上給天后，然後再給廟中的其他天神上香。梁婆婆說給其他天神上香的順序沒有固定，一般是先左邊後右邊，因為左邊有觀音、王母娘娘，比右邊的金花娘娘和七姐七娘大。這可能與漳澎人「重左輕右」的觀念有關（參考第二章祖宗部分）。此外，梁婆婆還特意留下了 12 支（4 柱）香沒點燃放在天后像的前面。然後把準備給天后的聚寶盆拿出來，口中念著：「保佑家里人身體健康，避雨、避神、避人、避妖，保佑東成西就、平安大吉、家肥烏潤。」一邊念一邊把貴人符、天后地神、長命富貴等各類紙符放入聚寶盆中。再拿出另外一份準備給土地公的符紙。婆婆說，天后和土地是大神，天后比土地更大。雖然其他在廟裏供奉的也是神，但是沒天后和土地大。土地公公算是天后廟裏的第二大神，所以也要準備一份聚寶盆給土地公公。

拜祭天后的「聚寶盆」，包含天后地神、貴人符、長命富貴、土地公符紙和紙錢。廣東東莞，2013，區海泳攝

儀式過程：5：40，婆婆開始正式對著神靈禱告。梁婆婆念著：「拜請金花夫人、拜請聖母娘娘、拜請王母娘娘、拜請北帝爺爺、拜請七姐七娘，拜請漫天神佛，拜請天后娘娘、觀音菩薩黎（來）保佑。又保身體健康、又保榮華富貴、心想事成，叩頭。然後鋪一墊子於地上，跪下。「XX家宅身體健康風調雨順，多得天后元君。把福氣給我們到麻湧公社東莞縣和深圳置居，保佑沘水福水長流，大興大發賺錢銀，年頭賺到年尾，笑口常開。保佑梁XX大姐，XX信女，身體健康，身壯力健，……（省略中間重複的祈福話語）開車車頭車身車順利，大花中花小花一帆風順。條條路口逢君子，出入平安貴人來。保佑XX信女，福夫旺子，有衣有食，有衣有著，家庭快樂無憂慮。保佑XX花仔，讀書聰明歸國，學業進步步步高升。又保我XX花女，今年考大學，讓她有文才有學歷，保她步步高升。多得天后元君，多得觀廟眾神齊來，大慈大悲觀世音，王母娘娘保主人。保得梁門堂上、郭門堂上，出入方便，身體健康。多謝各位靈神，地主爺爺護保護佑。保佑XX大姐身體健康，身壯力健，朝頭（早上）早出去夜頭（晚上）又晚歸，知上知落知天知地，一年四季，子孫乖乖，老少平安。保到我XX花女，要去廣州讀書，有文才有學歷，步步高升。XX花仔，今年又考大學喔，多得天后元君護佑，護佑我XX花仔讀書，身體健康，身壯力健……」念完後，在地上磕十二個響頭，擲聖杯，得勝杯。梁婆婆說每次祈福完都要擲聖杯，若一次便擲得聖杯，是天后娘娘答應繼續保佑，是吉兆。擲完聖杯後再次感謝天后及眾神的保佑，磕十二個響頭。然後走出天后廟的小房子，到當天處把準備給天后和土地公公的聚寶盆在焚化爐裏燒掉，並在當天的香爐裏再添一把香，祈福儀式結束。

儀式後續：當梁婆婆完成所有的程序準備離開時，就往香油箱裏投放一些零錢，再敲3下旁邊的鼓，表示一切結束，感謝菩薩保佑。最後，梁婆婆帶走了未點燃的12支香和供奉過天后的果品。她解釋說，12支香代表4個家庭，她自己家和已成家的子女，1柱香代表1個家庭。這些香要帶回各自的家用於供奉家裏的神仙。由於這些香已經在天后廟裏供奉過天后娘娘，所以會沾上天后娘娘所賜予的福蔭，並通過這些把福蔭帶到家裏。而供奉過天后娘娘的果品

亦會帶有天后娘娘的福氣，讓家人吃了就能保佑他們身體健康，大
吉大利。

　　梁婆婆在儀式中所擲的聖杯，也叫鉸杯，在麻湧地區還叫做卜杯，是珠江
三角洲各地至今普遍常見的與神明溝通、知悉神明意思的方式。聖杯是用木頭
製作而成的，由兩個半圓組成，拼在一起可組成一個圓。每個半圓有一面是平
的，另一面則是凸的，平的一面稱為「陽面」，凸的一面稱為「陰面」。占卜時，
將聖杯合好放入手中，雙手合十，心中默念「求神保佑」，然後打開雙手讓聖
杯自然落到地上。若得到一個陰杯（陰面朝上）和一個陽杯（陽面朝上），便
是勝杯，是最好的卜象，表示菩薩很高興，答應要求，或表示擲杯者運氣很好，
會得到菩薩的保佑。

　　若得到兩個都是陽面朝上，即得「陽杯」，表示一般同意或不置可否，可
以重新再擲筊請示神明，或再次說清楚自己的祈求；若得到兩個都是陰面朝
上，即得「陰杯」，是最壞的卜象，表示菩薩不同意，可能要改變做事的方法。
若第一次求不到勝杯，可以繼續擲，但不能超過三次。若三次仍然擲不到勝杯，
信眾便會相當驚慌，認為可能有不好的事情將會降臨家族。梁婆婆說若真的求
不到勝杯的話，就在天后廟裏求一支簽，然後到旁邊的盲公處解讀簽文，看看
是不是犯到不好的東西了。

世俗生活的中心

　　天后宮之所以重要，是由其獨特的地理位置與其在村民的心理位置所共
同決定的，不僅表現在儀式空間方面，也表現在世俗事情之上。解放前，天后
宮前有大片的空地，是村民搞娛樂活動的地方。此外，天后宮位於漳澎村的中
心，其前面有一塊大地堂，是全村的娛樂中心。ZJH 伯伯說，漳澎有三種高興
的東西：舞獅、舞麒麟和舞鳳。鳳是唱戲的，獅子是打工夫的，麒麟是兩者兼
有。這些文娛戲團每年都會請一個師傅，訓練一整年的時間才能「出臺」，一
到做年的時候，就到各條村公眾的地方來表演。漳澎有一筆款項，由村政府出
錢，請這些表演的人到天后廟來出臺，表演完後給他們封紅包。如果戲班來漳
澎，首先必須要到天后廟耍一段時間。所以做年那段時間，天后廟是最旺的。
此外，漳澎一年還有一次鄉藝（做戲），便是在天后宮前的地堂上演的。村民
整年都在談論這部戲好不好，下一年看什麼戲，男生都在涼棚裏面談論做戲老
官的好壞，說得興高采烈、吐沫橫飛。一到做戲的時候，女人會穿最好的衣服，
男人若賺錢了就請周圍的親戚到漳澎看戲，「（天后宮前的大地堂）其實是一個

炫耀貧富的地方」ZJH 伯伯說。而令漳澎人最驕傲的賽龍舟，也是要到天后宮裏拜祭天后娘之後才能出賽，所以天后宮前總是熱熱鬧鬧的。不僅如此，幾位伯伯還曾經笑著跟筆者說天后宮還是「偷看媳婦」的地方。因為在舊社會，訂了親的男女在未舉行婚禮之前，都是不能見面的，全靠「父母之命，媒妁之言」。好奇的男子都會在天后誕那一天到天后宮裏去，偷偷找人打探他未來的媳婦是哪一個。他們說：「天后誕是最重要的節日，全村的人都一定會到天后宮上香祈福的，所以這一天去天后宮很容易碰到自己的未來媳婦，再問問人便知道是誰了。」

　　眾所周知，天后是一位海神，是以保佑航海者安全而受到漁民或在水上作業的人的崇拜。而漳澎天后除了保佑子民的平安健康外，還要掌管別的世俗事項。有一次筆者在天后宮看見一位婆婆通過擲聖杯的方法詢問天后娘娘，她的老公是否去召妓了，並試圖讓天后娘娘阻止其老公的行為。她的做法是先給天后娘娘上香，然後拿一個毯子鋪在地上，然後跪下來，詢問：「護國元君天后娘娘在上，我聽說我老公去召妓了，但他怎麼也不承認，是真的嗎？」得勝杯，她跟筆者說：「看吧，真有此事。」再詢問：「今晚他會去召妓嗎？」又得勝杯，即天后娘給的答案是肯定的。接著再問：「天后娘娘你能讓他不去召妓嗎？」得陰杯，婆婆解釋說：「你看，這事情棘手吧，連天后娘都無法幫忙阻止了。」再詢問：「他是在巷口那間藥店召妓嗎？」，得勝杯，天后再次給出肯定的答案。最後婆婆詢問：「我今晚 6 點在巷口等著，能夠守到他去召妓嗎？」得勝杯。婆婆收起毯子跟筆者說：「天后娘娘給我指示了，我今晚一定要去把這個負心漢抓到，讓他無話可說。」接著，婆婆添了香油，謝過天后娘之後便離開了。

　　像這樣的家事本不是天后娘的神格所負責的內容，但村民會把生活中的大事、小事通過擲聖杯的方法來求得神的指引。從整個過程中，我們可以看到信眾是如何通過擲聖杯和天后娘娘進行溝通的。在筆者看來，這是一種信眾根據卦象所做的一種快速的自我解讀，是把卦象與具體的事情結合起來作出比較合乎邏輯的解釋。在詢問神靈的過程中，擲聖杯不僅僅是「只要打出聖杯就是好事」，而是要通過勝杯、陽杯和陰杯的組合變化來得出「神靈的解答」，這時候三種卦象的地位是平等的，信眾不會一味求著得勝杯。

漳澎天后回娘家

　　在國家尚未禁止民間祭祀以前，每年的天后誕都是漳澎最熱鬧的時期，因為要抬行宮天后回娘家。漳澎人認為，天后娘娘是出生於深圳的媽灣，而漳澎

的天后是媽灣天后的分身。媽灣天后的廟宇稱為赤灣天后宮，坐落在深圳小南山下，相傳始建於南宋時期，最初的命名是「赤灣天妃廟」，直到清康熙二十三年（1684年）才更名為「赤灣天后宮」。這個赤灣天后宮是珠三角地區最早，也是最大的天后宮。每年廟會都會有東莞、廣州甚至香港的信徒蜂擁而至。由於漳澎讀書識字的人不多，根本沒有人知道天后傳說是起源於福建莆田，便以為赤灣這座宏偉的天后宮是媽祖的出生之地，而漳澎村裏的天后是媽灣天后的分身。因此，便會每年把行宮天后抬到赤灣古廟，有點尋根問祖的意味。

　　在舊社會，只有男人才能參加天后回娘家的活動。而現在，這個禁忌已經破除，由婦女湊錢坐車送行宮天后回娘家。村中人解釋說這是因為以前都是男人抬著重物，坐船過去，「男女授受不親」，女生跟著去不方。而實際上，這是中國傳統社會男尊女卑的體現，現在女子能帶體後回娘家，是中國改革開放後女性地位有所提升的體現。每年農曆三月十八日或十九日，天后宮前便會聚集著來看熱鬧的人群，看著行宮天后被男人們從廟裏抬出來，然後繞著村子走一圈。據老人回憶，天后出行時需要敲十三下銅鑼，以示出行正式開始。然後菩薩仔（行宮天后）會被放到一座裝飾得相當漂亮、豪華的小轎子裏，由四個壯丁抬著，前面有人拿著「肅靜」、「迴避」的牌子來開路，後面有人拿著大扇子，完全是在模仿舊時大官出行的陣勢。在隊列的最前頭，是全村最老、有好命（福氣）的老太公。這個老太公必須是家庭情況好的、有面子的、品德相當高尚的，由村民共同推選出來的，一般是大地主而不是土匪頭。他要穿著深色長衫以示尊敬，拿著代表全村的一籮香。隊伍的其他人就負責拿著祭品，元寶蠟燭之類的，還有祭神一定不能缺少的燒豬。待三月二十三日天后誕正日，大夥就會把漳澎天后抬回來，從趙姓埠頭上岸，放回廟堂裏。回來後，一起去赤灣廟祭拜天后的人就會到天后廟門口分燒豬。村民們說，天后回娘家出發的時候是北風，回來的時候是南風，剛好都是順風的，意味著順風順水。「順風順水」對於總是與水打交道的漳澎人來說意味非凡，不僅是一種期望生計順利的祈願，也是人生安全的保障。在行宮天后上船之前，還要用果品、肉和米飯來拜祭船頭和船尾，祈禱這次旅程能夠順利。

　　90歲的陳伯伯是筆者在漳澎找到的參加過漳澎回娘家的唯一一個尚在世的老人家。他說要有錢人家的孩子才有機會和資格參加。「舊社會的時候，漳澎有個『會』，是有些少產業的。我們去媽灣的經費就是那些產業錢出的，如果你在『會』裏有份，就不用給錢，否則就要給錢才能上船，這是我們村裏的

規例。我當時不用給錢就能去赤灣了，因為祖上已經做了『份子』，買了田，那些田的收入就可以用來作為去媽灣的經費。當時也有些非會員的給錢上船去媽灣拜神，若以現在的物價來說就是 300 多塊。其實組織這麼一次拜神活動也是挺花錢的，又要船費又要餐費，就是大家討個開心而已。」據陳伯伯介紹，「會」就是迷信的人所搞的組織，用於集資拜神。漳澎有兩個這樣的「會」，他所在的會叫做「同福堂」，另外一個叫「同正堂」，兩個會經常合起來出錢去赤灣拜神。因為同福堂只有 20 個人去，租一隻船的話經費會不夠。兩個會加起來有 40～50 人，這樣會比較划算。到了赤灣媽灣那邊就會上岸拜神。把帶來的所有供品都放在赤灣天后廟的奉神臺上，然後全部人都要跪下來，對著媽灣天后正像叩三個響頭，保佑漳澎村風調雨順。陳伯伯當時雖然只有 7、8 歲，但也相當神心地拜祭天后，希望她保佑家里人身體健康，萬事順利。到了晚上，就會有小班戲灶表演給人看，像三娘教子一類的戲，很多人去看。除了漳澎村，周邊還有許多小村子會在那天到赤灣天后廟拜祭，但具體東莞還有什麼別的村子去陳伯伯表示不清楚了。到了正誕（三月二十三日）那天一大早，在赤灣廟再拜一次天后正像後，就出發回漳澎，大約下午兩點鐘便能回到漳澎。回來的時候順風順水，會比去的時候快很多。

　　如此看來，漳澎天后回娘家實際上是一個儀式展演。通過借助讓漳澎天后尋根問祖的契機，儀式參與者展示了自己在漳澎的身份地位，能參加天后回娘家活動是一件極其光榮的事。首先，這是每年一度的集體盛事，是一年中唯一一個集中了全村人的展示平臺。第二，普通家庭的家用都是十分吃緊的，能滿足溫飽已經相當不錯了，所以只有家裏有田地的大地主才有「閒錢」花在這種祭祀儀式上，能參加這個儀式說明了參與者是當地的「有錢人」。第三，單單有錢也不夠，還需要是在當地德高望重的家庭。像陳淦、劉老定〔註48〕這樣有錢的土匪，是不夠資格去參加天后回娘家，更不用說做走在最前面、代表全村的老太公。

漳澎的天后傳說

保家護村：天后反彈劉老定炸彈

　　漳澎以前有兩個土匪頭子，一個叫劉老定，一個叫陳佳。劉老定比陳佳年紀大，掌握勢力較早，陳佳則是後起之秀。但是一山不能藏二虎，所以劉老定

〔註48〕上個世紀 50 年代前，漳澎當地最有權有勢的土匪。

和陳佳總是在相互械鬥，互有輸贏。不過，劉老定的勢力還是稍強大一些，陳佳就被迫到了市橋。剩下劉土匪後，他把漳澎人民壓榨得非常厲害，收禾標收得人們都快承受不起。陳佳到市橋後，認識了市橋的兩個土匪頭子並結成兄弟，借著市橋土匪的勢力，陳佳打回了漳澎。由於劉老定在漳澎失去了人心，所以這次劉老定被陳佳打敗了，只能逃離漳澎。大約是在 1947、1948 年左右，小日本打到漳澎來了。劉老定為了搶回地盤，就和小日本合作，成了漢奸。他請了小日本的飛機，以及東江的大土匪來打漳澎。小日本的飛機在漳澎上空轟轟作響，想投炸彈到舊陳氏祠堂。祠堂在中國人的心中相當神聖，「拆祠堂」更是一種極其惡劣的報復行為，相當於讓仇人絕子絕孫的意思。劉老定選擇轟炸陳氏祠堂，實際上就是想讓陳佳絕子絕孫的意思。就在這個時候，神奇的事情發生了。小日本的炸彈反而都落到了劉老定那邊（道滘）。漳澎村民都說，這是天后娘娘顯靈了，因為陳氏祠堂就在天后宮旁邊，天后娘娘不想連累自己。「當然，天后娘娘這麼做也是為了保衛自己的子民，幫鄉民逃過一劫，而且也保住了天后宮。」漳澎人都對這個傳說津津樂道。不過梁伯伯猜測，可能是因為日本鬼子不熟悉東莞的地方，搞不清楚哪裏是漳澎，投錯了地方而已。

似乎每條村的主神都有一個保護自己村子免於一難的傳說。像離漳澎村不遠的新基村也有一個類似的傳說。新基村的鄉主是北帝，據說當時日本鬼子準備駛船進入新基村，派了幾隻小船過來試探軍情。然後看到岸上站著一位老人，日本鬼子便問老人家這裡是不是新基村。老人家沒有回答他們的問題，而是說如果他們離開村子，可以給他們的船上都裝滿銀子。日本鬼子不知是真是假，反正先假裝答應。老人家用手一揮，日本人的船上果然裝滿了銀子，他們都大呼「神仙」，然後就馬上離開了村子。當船駛到新基水閘的時候，船上的銀子都變成了紙錢，嚇得日本鬼子再也不敢進入新基村了。新基村民認為這是北帝爺爺顯靈保佑了村子，才使村子免受日本鬼子洗劫。

像梁伯伯所說的，這些傳說應該都是村民基於事實所改編的，目的在於神化自己村裏主神，讓村人覺得其更加神秘，更加神通廣大，從而進一步地鞏固鄉主在村民心目中的地位。

保勝爭利：漳澎龍船扒第一

在東莞水鄉片區，端午節賽龍舟是傳統的賽事，也是各個村子為自己爭光的最佳時機。通過龍舟競賽，增強各個村子之間的聯繫，也是展示男人雄風的時刻，因此各個村子都把龍舟競賽看得相當重要。一坊的蔡伯伯說，農曆五月，

水鄉片的各村子會按照順序舉辦龍舟賽，稱作「龍船景」，具體安排如下：初一萬江、初二道滘、初三洪梅、初四望牛墩、初九漳澎、十二沙田、十三中堂、十四南洲、十六麻湧、十八鷗湧。至於為什麼是這個順序，村裏老人說是祖上傳下來的，他們也不知道。

漳澎人自稱漳澎的龍舟是東莞裏最好的，從二十世紀 50 年代開始在東莞有名氣，70～80 年代還被譽為「東海龍王」。在東莞舉辦第一屆龍舟大賽時，村裏的兩隻隊伍分別獲得第一名、第二名。在 1997 年加拿大多倫多「國際龍舟邀請賽」上，麻湧代表隊勇奪冠軍，而這個隊的班底便是由漳澎村民所組成。不僅代表東莞出賽，漳澎村各坊之間也有進行比賽。據說，東慶坊和南安坊各有一隻龍船，年久腐朽後把龍船的「龍頭」放在天后宮中進行供奉，以保持其靈氣，並保佑漳澎以後的龍船能夠扒得更快。後來，東慶坊（一二三坊）和南安坊（四五六七坊）會共出一條大龍，叫做「老龍」，扒得非常快，在麻湧地區相當有名。「老龍」上插著一支寫著「東安坊」的旗子，便是用兩個坊的名字合起來的。南盛坊（八九十坊）獨自擁有一條龍船，由於扒的時候總是側向一邊，所以叫做「側頭仔」。從龍船賽裏，我們可以看到東慶坊和南安坊的關係較好，和南盛坊的關係較疏離，這是一個有趣的現象。因為相鄰的村子會由於比鄰而導致各種利益糾紛，所以一般村落的友好關係一般都是「梅花間竹」，即相鄰的村落關係較差，相隔的村落關係較好。按常理說，應該東慶坊和南盛坊關係密切而與南安坊的關係較差，但實際卻相反。漳澎老人的解說是「南盛坊的人較早遷入漳澎，他們比較有錢，所以可以獨立製造一隻龍船，而東慶坊和南安坊需要合力才能做一隻大龍。」但筆者通過觀察，發現東慶坊有漳澎唯一的書院，而且田地多；南安坊有漳澎的商業街——東正街，七坊還出過民國第一華人機師丁紀才，這兩個坊的經濟實力也不弱，所以漳澎人的解釋有點說不通。通過筆者的觀察發現，南盛坊的姓氏較少，居民多為林氏、陳氏、劉氏，而且林氏掌握了漳澎的行政大權，可能是較早遷入漳澎的居民。而根據族譜記載，這幾個姓氏約在 18 世紀中後葉遷入，是最早遷入漳澎的移民。東慶坊和南安坊是諸姓雜居，可能較晚遷入漳澎。這樣理解這三個坊的關係也許比較合理。

漳澎人對龍船的看重程度非同一般，從當中的禁忌和祭祀可見一斑。首先，龍船和扒龍舟的人都非常忌諱婦女，尤其是孕婦。據當地人回憶，如果有女的站在橋頭，龍舟也要掉頭，因為不能被婦女「騎過頭」。而孕婦的肚子裏還有孩子，加上自己一共有四隻眼睛，會非常影響龍船的運氣。如果女人下到龍船上，

或者龍船在婦女所站的位置下方穿過，會被認為不吉利，並會因此而輸掉比賽的，劃龍舟將會生氣異常。一位婆婆回憶起她小時候：「當時住在五坊，想看龍舟下船。如果有婦女站在岸邊，那些土匪用槍指著她，即使把她打死了他們也不用賠。」不過現在這種狀況已經大有突破，女子也可以下船扒龍舟了。去年漳澎還組織了一支女子龍船隊獲得了東莞第一。村中婦女都津津樂道這件事，認為自己終於吐氣揚眉了。此外，龍船從每次龍舟賽結束之後，龍頭都要放到天后廟裏，以沾上天后娘娘的「神氣」好讓日後的比賽有更出色的表現。

雖然漳澎男人都說那些拜神的事情是由女人去完成的，但拜天后卻例外。男人拜天后的原因只有一個，就是為了扒龍船要第一。以前扒龍船的男人最辛苦了，既要勞作又要訓練。出鏢（比賽）前一定要拜天后，讓天后保佑漳澎拿第一。漳澎也的確拿了很多次第一，所以村民都說天后娘娘很靈。當地有句老話是這麼說的「不怕漳澎人，就怕漳澎神」，說的就是天后娘娘非常靈驗，總是保佑漳澎龍船得第一。黃婆婆還告訴筆者，以前扒龍船，都會帶槍上去。如果扒得不夠快，怕後面的船追趕上來，會用槍指著後面的龍船。有一年漳澎龍船在扒道滘鏢（在道滘舉行比賽）的時候，道滘佬（漳澎人對道滘人的蔑稱）就用槍指著漳澎的龍船，但居然最後還是漳澎爬第一了。道滘佬就把「居然第一」的旗子給了漳澎。她說這也是因為天后娘娘保佑才能化險為夷，並取得了第一名。不過以後道滘人邀請漳澎人去扒龍舟，漳澎人也不過去了。現天后廟的掌廟人汝姑說，當禁止拜神沒那麼嚴格以後，立刻就有人來拜天后了。「現在那些男的、大隊的領導，扒龍舟前、出標前都要去上香拜祭天后，扒第一後又要回來上香答謝天后。那些男的會請拜神婆來幫他們準備祭品，包括斤多燒肉、兩個鴨蛋、一對腐竹（做齋）、果品，不要粉絲和雞蛋。」汝姑一邊說一邊流露出自豪的神色。

除了扒龍船，出去打漁的也要拜天后保平安，期望能多打點魚。種田的保佑能五穀豐登。雖然天后娘娘主管水，但是漳澎人相信天后管民間，也能保佑種田的。「她不保佑種田的話，哪來的香火，她也沒有吃的了。」梁伯伯的這句話點出了人和神之間的關係——神明必須保佑了人才能受到香火的供奉。這與中國官場古訓：「水能載舟，也能覆舟」如出一轍。這再一次印證了王斯福的「帝國的隱喻」，使我不得不佩服王老師對中國人的信仰提出了如此深刻獨到的見解。如果別的村子有人經過漳澎，也必須要到天后宮拜祭一下天后才能出行順利。

　　另外，東莞水鄉片區於二月初七拜祭水龍王的習俗非常特別，據說現在香港的一些小漁村裏也有這樣的風俗。可以說，這是一種漁民長期面對險惡的大海所產生的一種具有心理安慰作用的習俗。他們不知道風浪形成的原因，就把翻船、沉船、溺水和自殺投海所導致的死亡都歸結於水鬼找替身。水鬼找生人做替身，落水死的人又再找生人作替身，這樣的邏輯解釋了為什麼會有人不斷葬身於大海的現象。水鄉人民還模仿傳統社會的官僚體系和道教神祇體系，認為水鬼當中最厲害的便是水中之王，管理並統領著所有水鬼。水鬼和水龍王在水鄉人的信仰體系中佔據著重要的地位，一年中有三次集體祭祀（水龍王誕、拜埠頭和打醮）針對的都是水龍王和水鬼，而且祭品之豐盛、儀式持續時間之久和儀式參與人員之多，都比一般的祭鬼儀式和神誕儀式更甚。可見，水鬼和水龍王不是一般的鬼，也比一些神祇更多地影響當地人的生活。水鄉人民的水鬼信仰實質上是畏懼水與風浪的心理，是地方形成的特色信仰。〔註49〕

天后廟。香港，2016，鄧啟耀攝

天后廟裏的紙符紙品。香港，2016，鄧啟耀攝

天后廟內景。香港，2016，鄧啟耀攝

〔註49〕本田野考察實錄由項目組成員、中山大學人類學系碩士研究生區海泳調查撰寫。

田野考察實錄：廣東汕尾「媽祖誕」

媽祖信仰在中國沿海地區散發著濃厚的信仰魅力。比如廣東汕尾的街巷村落，都散佈著大大小小的媽祖祖廟。汕尾城區就座落著兩座很重要的媽祖廟——鳳山祖廟和安美祖廟，汕尾的各個祖廟在歷史上都有地域界分和自己的信眾，很少有跨區祭拜。

鳳山祖廟歷史十分悠久，具有將近一千一百多年的歷史，1981 年公布為海豐縣文物保護單位，鳳山祖廟每年農曆三月二十三日媽祖誕舉辦的祭典、炮會和遊行被汕尾市列為市級非物質文化遺產。

鳳山媽祖廟位於汕尾鳳山，鳳山面積 0.172 平方公里，因為形狀像一隻展翅的鳳凰而得名。〔註 50〕

宋雍熙四年（987 年），福建省莆田湄洲是媽祖林默誕生之地，也建立了第一座媽祖祖廟。媽祖在沿海地區是統領四海的最高海神，同時也是航海之神、庇護漕運之神、主宰風雨之神、生育之神、正義之神在閩南粵東沿海捕魚的船隻，必會在船的大桅下供奉媽祖的神位，這種信仰方式延續至今。在汕尾未形成漁港之前，在品清湖生產的漁船逐日增多，為了滿足漁民和沿海居民信仰媽祖的習俗，一些居民、漁民於明朝後期在品清湖的鳳山腳下建立了一座簡易的竹棚小廟宇，引入媽祖的香火。清康熙八年（1669 年）解除海禁之後，由於汕尾港靠近漁場又是避風的號地方，所以多數閩南和粵東的漁船開始由長沙、後門、大德等港口轉至汕尾港停泊出售漁貨，汕尾開始「舟楫雲屯，商旅雨集」。此期間，品清湖畔的鹽業生產也迅速生長，漁鹽業是汕尾的主要經濟支柱，其發展又帶動了漕運業（海上與內河運輸業）的迅速發展。作為一個新型產業發展中的港口城鎮，當地人開始渴望吸納大量的資金和人口，渴望風調雨順、五穀豐登，以漁農興百商，以漁農興城鎮。作為新崛起的港口城鎮，當地人正需要這種媽祖信仰，來安民心、發展個行業。「先人後廟，以廟集人，以廟興港」。正因為這種信仰的需求，所以清乾隆六年（1741 年），汕尾民間的知名人士、大戶殷商、行業的頭面人物、約正、長老、虔誠信眾等，組成了建設鳳山媽祖祖廟首事，向商戶漁民、居民募捐喜題建設資金，並將廟址遷至周圍人口較集中，背靠鳳山、面向南海的鳳山崗前的小平地上。經近一年的施

〔註50〕鳳山祖廟旅遊區管理處，祖廟理事會編：《廣東汕尾鳳山祖廟志》，中國國際圖書出版社 2008 年版，第 12～13 頁。

工建設，最終落成了面積 840 平方米的鳳山祖廟。祖廟建成之後，大量人口往其附近湧現，聚居。鳳山祖廟周圍人口從此時開始猛增，商品流通也隨之擴大，為了便於商賈流通，在鳳山祖廟周圍建成了汕尾第一條商業街——風照街，隨之形成了金中街、草街、漁街等。

民國二十三年（1934 年），重修鳳山祖廟（簡稱重光）。經過一年多的施工，在原地將祖廟整修得更宏美。祖廟重光後，南粵及港澳閩臺地區前來偈拜觀光的人絡繹不絕，香火不斷旺盛，媽祖信仰在汕尾也愈加穩固，成為當地最重要的民間信仰。汕尾港每年都在鳳山祖廟舉行「元宵節擎阿婆」、「媽祖神誕」、「中元節普渡」等民俗活動。粵西粵東的漁船會趕來湊熱鬧，一些旅居穗港澳的居民也會回鄉參加。

戲臺建於清乾隆甲申二十六午，即在鳳山祖廟擴建 19 年之後興建的古戲臺。此後，曾遭兩次破壞和拆毀改建。1994 年祖廟大修葺之時，戲臺復建，基本保留了古戲臺的風貌。戲臺佔地 123 平方米，連地臺高 1‧38 米，分前半部和後半部，前半部較寬廣為演出場地，後半部是演員化粧室和陳放道具服飾的場地。整座戲臺是木石結構，戲臺頂部貼雕藝術作品。

為鳳山祖廟的重光和民俗活動，周圍各個街道、福戶、各行各業建立了四個潮劇班、一個正字戲劇班、一個西秦戲班、一個廣府粵曲班、四家鑼鼓班和兩家八音班，還有一個舞龍隊和多個舞獅隊、舞麒麟隊，鳳山祖廟每年演大戲近九十臺。在日軍侵華和文革期間，鳳山祖廟及相關的民俗活動受到了阻滯和破壞。改革開放後，鳳山祖廟在政府和當地精英的努力下，於 1994 年再次重光，又恢復了香火與附近的商旅活動、民俗活動。汕尾各界民眾前往潮汕聘請名師，組建了潮曲幸樂班，東區有「賽梨春」、「玉梨春」，西區有「老同樂」、「新同樂」。後來，達四班潮曲班升為演潮州戲的戲班，汕尾港一時潮曲繚繞。同時，東魚街進了唱粵調的廣府曲班、打擊樂班，廣東音樂的「東樂亞」班；由漁業頭家投資組建的「老永豐正字戲班」，後又組建了「新永豐正字戒班」；原有唱西秦曲的「玉桂齋」、「高賢齋」及數家八音彈奏班和四家大鑼鼓班，也都健全起來。此外，還有舞獅、舞麒麟班等。這些文藝團體，在慶典活動期間，分別在各個戲臺各個社區演出。為配合鳳山祖廟慶典，安美祖廟、關帝再廟、華關大帝廟、後僚佛祖廟、千金媽廟、新宮井廟、魚街大伯爺廟、曝網埔等也隆重演戲。農曆十一月十日上午九時，重光慶典活動開始，鳴禮炮 21 響（打火藥土槍三把連）後，理事會咸員及耆老在祖廟廣

場前舉行了莊嚴「大二獻禮」拜謁媽祖儀式，之後進入群眾性拜謁高潮，使熱鬧的慶典活動持續到十一月中旬。

　　1994 年祖廟再次重光時新擴建了天后閣。天后閣的建築，包括鐘樓、鼓樓、兩旁廡廊、祭臺和拜埕五個部分，佔地總面積 3027 平方米。天后閣是一座拜殿，屬清代古廟建築風格的「重簷插翼歇山型」。為汕尾市古建築工程師陳忠設計，木石結構，用木材 600 多立方米，建築面積 740 平方米。天后閣前面是祭臺，四周用石雕作園欄，祭臺有 1 對石雕蓮花燈，2 支高 5 米聖母旗斗，一對石雕像守護兩旁，祭臺兩邊是鐘樓、鼓樓的仿古建築物，畫欄雕棟，柱紅瓦綠。天后閣的正座是堂皇富麗如宮殿般的神龕，坐在正中的是穿金紅龍袍的媽祖塑像和分立左右的宮女，神龕下一老一少是太監的塑像，神龕左右旁有花公花婆、水仙大王、福德爺奶、開山大伯四座神祇，各個神祇都有尊神的塑像。天后閣內的左右兩偏旁，有 24 位尊神的塑像，稱為「二十四司」。天后閣外牆左右兩旁各有 1 幅精美的石雕。左邊是「九龍伴八仙過海」，右邊是「七仙女騎五鳳朝陽」。在天后閣祭臺下面，是一處用花崗岩石鋪成的、寬廣的朝聖拜埕。拜埕前面是 1 對石雕雄獅；拜埕中有 1 對石雕的香爐、1 處石燭臺、1 個生銅鑄造的焚香爐和 2 個焚燒銀帛的生鐵爐。懸於殿宇中心位置的門匾「天后閣」，是著名書法家啟功所題。「鐘樓」、「鼓樓」則為中國民俗文學大師，汕尾市籍人鍾敬文教授所書。

　　現在所有管理鳳山祖廟的民俗活動、旅遊文化、接待等都由鳳山祖廟理事會主理。鳳山祖廟理事會原是崇祀媽祖的各界代表人士組成的民間團體，主要配合旅遊區管理處做好鳳山祖廟的建設、修繕和舉辦神誕等民俗活動，其歷史可追溯到清乾隆壬戌年（1742）擴建鳳山祖廟時，就成立這樣的民間團體，當年是負責興建鳳山祖廟。此後年復一年沿襲到新中國成立。後因形勢變化，該組織自行解散。改革開放之後，信仰又有了寬鬆的活動空間，汕尾市城區各界有識之士，於 1990 年成立了「鳳山祖廟修建理事會」，經請示政府獲准之後，向社會各界、港、澳地區鄉親，籌集建設資金，得到了廣泛的支持，為鳳山祖廟進行了重光。〔註51〕

〔註51〕口述：黃漢忠，男，45 歲，汕尾人，大專文化，黃坤澤，男，41 歲，汕尾人，高中文化；整理：鄧圓也，訪談地：廣東汕尾鳳山祖廟，2008 年 4 月 29 日；參考：鳳山祖廟旅遊區管理處，祖廟理事會編：《廣東汕尾鳳山祖廟志》，中國國際圖書出版社，2008 年，第 12～13 頁。

鳳山祖廟天后閣。廣東汕尾，2008，鄧圓也攝

天后閣內殿祭祀媽祖的道士。廣東汕尾，2008，鄧圓也攝

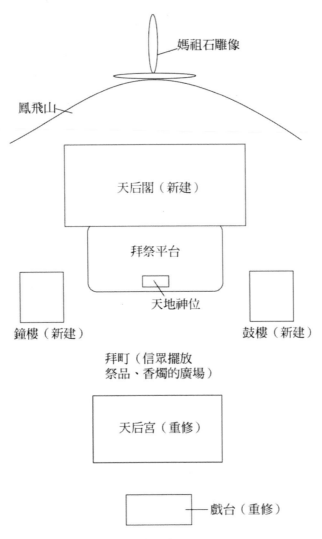

鳳山祖廟格局分布平面圖〔註52〕

　　2008 年 4 月 27 日（戊子年農曆三月二十二日），我們參加了汕尾市城區媽祖誕的民俗活動。由政府組織的開幕式之後，下午在鳳山媽祖文化廣場舉行民間藝術巡遊。這本來是媽祖誕進香前的「遊神」和開駕儀式，政府把它規劃為民間藝術巡遊活動。

　　巡遊隊伍從鳳山祖廟出發，以中巷（友誼路）為界，沿海濱公路遊街，最後再回到鳳山祖廟。

〔註52〕鄧圓也繪製，參照周玉蓉：《民間信仰與地域群體關係——汕尾疍民信仰研究》，廣州：中山大學博士學位論文，2006 年，第 49 頁。

媽祖巡遊，警車開道。廣東汕尾，2008，鄧圓也攝

身穿彩衣以傳統方式鳴鑼開道遊神隊伍。廣東汕尾，2008，鄧圓也攝

武士裝扮的媽祖護衛隊伍。廣東汕尾，2008，鄧圓也攝

文官裝扮的媽祖旗隊。廣東汕尾，2008，鄧圓也攝

　　儘管隊伍前方有兩位高舉「清道」旗幡的人，過往的汽車摩托和行人依然我行我素。在一位身穿粉紅襯衣的理事會領導帶領下，高舉用黃字繡有「合境平安　鳳山媽祖廟」的紅底綠邊旗幡和「第四屆汕尾市城區中華媽祖文化節」大紅匾的隊伍打頭，四人肩挑兩面大鑼，大鑼上復以繡有「風調雨順」、「國泰民安」字樣的黃旗，鳴鑼開道。接著，在一輛彩車後面，是媽祖的護衛隊伍和護轎隊伍，一式古代武士裝扮。只是由於不可能穿鎧甲，化纖的布料又鮮豔過頭，所以都有點像戲裝，加上各式皮鞋旅遊鞋，弄得像一個後現代的服裝表演。媽祖的寶鸞和神轎分別由紅衣和黃衣男子護衛，媽祖的軟身像被包裹在各種祭品和花花綠綠的綢緞裏，緊隨其後的是手捧獻祭的婦女。媽祖神轎每到一處都會受到群眾的謁拜，各社團、族群、殷戶在神轎必經之路道擺設香案、拜席、禮品拜謁。接下來，一輛懸掛著「繼續解放思想讓人民共享文化發展成果」標語的巡遊汽車開道，繪有媽祖故事和 10 個花炮意頭（頂部）的人力三輪彩車緊跟，百家姓旗隊在燈籠隊後面緩緩而行，大紅燈籠照耀著黎民百姓。

媽祖寶鑾及其獻祭、護轎隊伍。廣東汕尾，2008，鄧圓也攝

繪有媽祖故事和 10 個花炮意頭（頂部）的三輪彩車。廣東汕尾，2008，鄧圓也攝

百家姓旗隊前面是照耀著黎民百姓的大紅燈籠。廣東汕尾，2008，鄧圓也攝

　　再往後是歌舞隊、彩旗隊、扇舞隊、漁家風情隊、布馬隊、舞龍、舞獅、舞麒麟隊、花傘隊、花籃隊、樂隊、地方戲劇表演隊等表演隊伍。每隊少則幾十人，多則數百人，或擎彩燈、彩旗、彩扇、挑大小花籃，或歌舞奏樂。樂隊有大鑼鼓班、小鑼鼓班（俗稱站仔鼓）和「八音班」，「八音班」主要彈奏潮州

音樂、廣東音樂和寺廟弦絲樂，呈現了一個個歌舞升平的場景。騎布馬、扮演仙女的都是年紀相仿的女孩。在她們停下來的時候，我隨機採訪了幾位。她們都是當地的中學生，由學校組織參加民俗活動，目的是讓同學們瞭解自己的傳統。我問她們為什麼拿那些宮燈和竹簫，她們笑著搖頭，說老師沒有說。再問劃旱船的女孩，有人回答：「我們這裡打魚的多嘛！」「那為什麼騎布馬呢？」她們又答不出了，哄笑著走開。事後，我請教當地的文化館老師，他們告訴我，剛開始時，他們也不知道怎麼搞，是聽老人講，再學著電視上的樣子組織。後來有專家批評，說是和中原一帶的太像了，沒有地方特色，所以我們就加了漁家風情、站仔鼓、八音班等等。最初也有人反對，說戴著草帽來，很土的。後來慢慢也習慣了。媽祖也是漁民出身嘛！

魚燈隊、旱船隊、布馬隊、絃樂隊。廣東汕尾，2008，鄧圓也攝

手持竹簫等道具的古裝文士隊伍。廣東汕尾，2008，鄧圓也攝

舞獅隊。廣東汕尾，2008，鄧圓也攝

　　比較多的人圍觀舞龍、舞獅、舞麒麟和彩車。彩車當地人叫「扮景車」或「飄色」，因為上面多是美女。她們主要裝扮古代神話、戲劇人物和民間故事題材，如「八仙過海」、「西遊記」、「大鬧花燈」、「騎驢探親」、「桃花娘過渡」、「漁婆撐船」、「鶴蚌相爭」、「仙翁獻壽」、「仙女散花」、「飛天」等。

　　巡遊隊伍依然由理事會領導和長者耆老殿後。據當地人介紹，在結束回歸祖廟之前，還有一傳統習俗叫「跑社」，也叫「入社」。此時各挑花籃的女孩由男人替代，八音等鑼鼓架增加人員扶持，花公相府神轎更有壯漢前來扶托。巡遊隊伍突然跑起來，燃放鞭炮，鑼鼓和鎖吶也要吹得十分響亮。

　　自從 1994 年底鳳山祖廟重建以後，廟戲也恢復了起來。媽祖誕期間，出錢請各地劇團來輪流唱大戲，成為一種功德。下午，照例是「做大戲」的時候，鳳山祖廟的天后閣對面的戲臺正在演出，時間一般從下午 2 點左右開演，演到晚飯前一兩小時歇臺，各自回家準備晚飯。晚上 8 點接著演，10 點前後演完一折。

　　酬神大戲的種類很多，有海陸豐的正字戲、白字戲、西秦戲、潮劇、福建地方戲等等。每次媽祖誕演戲都是從農曆三月二十二開始演整整一個月，甚至四五十天。他們請來不同的劇團，一個劇團連演好幾天，一天兩場。除了媽祖誕的當天由鳳山祖廟題捐之外，其他日子裏民眾可以自由「請戲」，出戲金請劇團演一場自己喜歡的劇目，而劇團的伙食也是「請戲」的人包下的。每個劇團總共的戲金大概在 2500～3900 元不等，但觀眾卻無需收費。如果民眾自由「請戲」後不足的錢仍由鳳山祖廟來付。

　　一位正在看戲的羅大爺告訴我說，每場戲開演之前，交付禮金的方式都有一個儀式：由劇團中的一男一女兩個穿著戲服的演員，向題捐戲金的人贈送一個人形木偶和一個戲冠。木偶和戲冠都是由劇團帶過來的，這個贈送並不是真

的贈送，而是一個交換——人形木偶象徵著「天仙送子」、「添丁添財添壽」，帶來生子、財富和長壽；戲冠代表著加官進爵。拿到這兩件物品後，請戲的人就要為人形木偶「帶鬚」。「帶鬚」就是將一個裝了錢的紅包用紅線綁住，掛到木偶的脖子上，表示木偶所代表的福氣和靈力已經被套住了，一定會給請戲的人帶來子嗣、財富和長壽的。在下午、晚上的大戲都結束以後，請戲的人再將人形木偶和戲冠交還給劇團。這次鳳山祖廟的派了人接這兩件禮物。

　　這相當於是一個傳遞和交換的儀式，請戲的人既可以酬神、娛樂，又可以得到一個具備「靈力」的祝福；劇團的人通過人偶和戲冠遞交了這種靈力，獲得了工作和錢。

劇場演出情況。廣東汕尾，2008，鄧圓也攝

　　汕尾鳳山祖廟的媽祖誕祭祀儀式於 2008 年 4 月 27 日晚 23：00 左右開始：20：00：就已經有很多信徒聚集在鳳山祖廟開始進散香了。基本上遵循「取香—點香—插香—呼神—跪拜」這種傳統規則。

進香。廣東汕尾，2008，鄧圓也攝

祭品。廣東汕尾，2008，鄧圓也攝　　開祭之前先由道士進行相關請神儀式。
　　　　　　　　　　　　　　　　　廣東汕尾，2008，鄧圓也攝

　　21：00：廟內人群開始擁擠，很多人拿著紙船模、祭品拜祭媽祖。船模有汕尾常見的拖風、七帆、雞毛鳥、家小、釣仔……只要將自己的船做成模型在媽祖祖廟點上並祭拜，就能保出海平安，漁業豐收。

　　大殿裏道士們在媽祖像前跪拜誦經。他們是政府批准專門請來的。但在媽祖誕這個日子裏，他們不是主角，是為媽祖服務的。我靜靜地看著他們的裝扮，看著他們藏在道袍下面的皮鞋，突然感到有一種異樣的感覺。一方面，地方性的民間信仰，似乎在尋求本土主流宗教的認同；另一方面，本土主流宗教在這個地方性的民間信仰中，似乎又像一個外人。道士對媽祖信仰的介入，或媽祖信仰經由道教參與的儀式，呈現了奇特的景觀。

　　22：30：主祭、陪祭和十個準備上頭炷香的人身披橫輻條，上面寫著「汕尾鳳山媽祖祖廟理事會」和頭銜，在大殿前一字排開站好。這十個人是家業比較成功的家族首領，大殿之下的平臺站著百來號人均是他們的家屬，平臺的臺階下去是平地，普通信眾就聚集在平地上。

23：00：進香儀式開始，主祭帶著手捧各種祭品的陪祭、十名進香者在大殿門口一字排開，面向平臺，開始進香儀式。程序如下：

1. 眾弟子淨心肅立
2. 鍾鼓三通
3. 奏喜樂
4. 亮燈
5. 明燭
6. 主祭、副主祭、各界人士上香
7. 敬獻祭品（清香、明燭、馨茗、清酌、壽餅、果品、七彩鮮花、寶鼎金銀）
8. 拜讀祭文
9. 焚獻祭文、銀寶
10. 向諸神行大禮（九叩首）
11. 燃炮
12. 禮成（奏喜樂）

祭文

敢昭告於：

汕尾市城區安美祖廟天后聖母列位眾神案下拜伏

沐恩廣東省汕尾市城區安美祖廟理事會弟子率合境各福戶眾弟子敬備清香、明燭、馨茗、清酌、壽餅、果品、七彩鮮花、寶鼎金銀，列於案桌，誠心敬奉，神恩廣被，萬民皆歡。

文曰：

天后聖母，誕辰1048週年。

聖壽千秋，時逢新紀，八載經年，蓋時慶典，合慶召昌；

韶光流暢，已屆春陽，桐花盛放，柳絮將錦，河清海晏；

日麗月圓，四海咸歌，九洲慶祥，漁商並茂，波海靜瀾；

禾登九穗，時若雨陽，男添萬福，女納千祥，魚蝦大汛；

感念恩澤，諸神鴻恩，佑我汕疆，安居樂業，神恩廣被；

海愚共獲豐碩，萬民團歡，四時就道，合境平安；

古今一轍，后德流芳，神恩澤惠，合境平安，風調雨順；

年景呈祥，無疆受福，庶幾惟馨，謹具祭品，薦諸豆邊，恭仲祭告，以佑短篇。

伏兮

尚饗

廣東省汕尾市城區鳳山祖廟理事會合境眾弟子誠信叩首〔註53〕

進入大殿主祭的地方精英。

在外面露天場地叩拜的普通信眾。廣東汕尾，2008，鄧圓也攝

燃燭。廣東汕尾，2008，鄧圓也攝

放燈。廣東汕尾，2008，鄧圓也攝

〔註53〕 鳳山祖廟旅遊區管理處，祖廟理事會編：《廣東汕尾鳳山祖廟志》，中國國際圖書出版社 2008 年版，第 12～13 頁。

主祭、副主祭、各界人士上香。廣東汕尾，2008，鄧圓也攝

　　第二天是競標炮會和競搶炮會活動。這天鳳山祖廟熱鬧非凡，有很多人拜祭，主要是女性們，製作了很多船模、車馬紙模、神符和金銀元寶獻祭給媽祖，由於下雨的關係，大家都把祭品放在倒置的傘中，用報紙墊在地上跪拜媽祖。媽祖誕辰祭拜儀式在潮汕口語裏面就叫做「媽生」。

　　在祖廟的側面，有好多人擠在一起在吃麵，當地人認為：汕尾「媽生」這天要吃炒麵，和韭菜豆芽一起炒，因為媽祖手中拿著漁網線，麵條就是「棉線」，媽祖手中的線可以讓人逢凶化吉，我們吃炒麵就是要逢凶化吉，求平安。

香客。廣東汕尾，2008，鄧圓也攝

穿著傳統漁裝的香客。廣東汕尾，2008，鄧圓也攝

「麵條就是『棉線』，媽祖手中的線可以讓人逢凶化吉。」。廣東汕尾，2008，鄧圓也攝

鳳山媽祖廟內準備紙符紙錢的信眾。廣東汕尾，2008，鄧圓也攝

鳳山媽祖廟內焚燒紙符紙錢的信眾。廣東汕尾，2008，鄧圓也攝

　　在鳳山祖廟附近的廣場上，則在舉行「炮會」。鳳山祖廟自 1994 年更光以來，燃放競搶彩炮採用競標和競搶兩種形式，竟標的誰標高資，誰就獲得「彩炮」這一吉祥物。過去「彩炮」頭 20 響是用數字排列，最後 3 響稱名「吉子炮」。自從 1995 年，媽祖誕舉辦首屆炮會。鳳山祖廟旅遊區管理處和修建理事會創新出了競標彩炮的新活動形式和民俗文化民間藝術活動，使過去單一的娛神活動加入娛人活動，並把媽祖巡遊與民間藝術展示貫串其中，穿插了粵東特色的文藝節目和傳統節目。〔註54〕

〔註54〕本田野考察實錄由項目組成員、中山大學人類學系 2004 級本科生鄧圓也調查和撰寫。

為炮會活動中的炮頭競標，如同拍賣，競標者爭相喊價，提出最高價後再無競標者即擊鼓拍定。

大會組織者將擊鼓拍定的競標者姓名寫在後立的芳名板上。廣東汕尾，2008，鄧圓也攝

媽祖

鳳山祖廟媽祖紙符。廣東汕尾

媽祖祖廟紙符。天津，2013，鄧啟耀攝

田野考察實錄：雲南大理白族開海節

洱海是雲南第二大淡水湖泊，位於雲南大理白族自治州大理壩子中，海拔（平均水位）1974米，湖面開闊（250平方公里）。〔註55〕唐宋時期南詔國和大理國的都城在其西側，東西向的南方陸上絲綢之路和南北向的茶馬古道在此交匯，交通發達，自然生態良好，是雲南政治、經濟和文化的核心區域

〔註55〕新編雲南省情編委會：《新編雲南省情》，雲南人民出版社1996年版，第7頁。

之一。正因如此，從古至今，漢文化、藏文化、南亞和東南亞文化的影響，國家的強力介入和控制，地方或民間的博弈、歸順和同謀，一直是洱海區域的社會現實。

洱海地區白族的傳統生計模式是農耕，近湖者亦重漁業。洱海因蒼山雪峰之水流入湖中而水感寒冽，南北橫列的蒼山阻隔氣流，洱海壩子因之風很大，南端下關尤甚，「下關風吹上關花」成為當地特色景物，故下關又素有「風城」之說。風大累及漁業，當地白族流傳的「望夫雲」傳說，以靈性原因解釋蒼山某處出現雲團，洱海就要起狂風惡浪的緣由。在古代繪畫圖卷中，洱海如蛇盤繞，龍王有蛇冕，其形態可能源於印度，是一種較為原始的龍王信仰，這應當與大理和南亞東南亞的聯繫有關。當地傳說，從蒼山雪溪注入洱海的十八溪中住著十八條龍，它們有一顆金鑄的掌龍印，只要把這顆金印拿出來，吼一聲，洱海就洪水大發，沖毀莊稼和房屋。洱海漁民由此流傳一些水患頻發，英雄入海殺蛟龍的故事。而著名地標建築大理三塔，也有「永鎮山川」的禳祛功能。

雲南大理白族自治州洱海白族漁民的「祭海神」活動，與漁神祭較為接近。每年春節期間或魚汛到來之前，漁民要以全雞、全魚、湯飯、乾蘭片等祭品祭奠海神，祈求他保佑漁民海上平安，漁業興旺。農曆4月15日，又是大理縣小普陀白族做「海神會」的日子。這一天，洱海一帶漁民紛紛駕船雲集小普陀，岸邊船桅林立，岸上人潮如湧，人們在沙灘上念經、跪禱，恭候迎接虹山地母的漁船到來。念經和跪拜的人分若干組，每組10～15人，多為年長女性。跪拜者或朝山、或朝水、或互拜，祈求一年出海平安，漁業豐收。迎地母的船到達後，群情沸騰，誦經、舞龍、舞「霸王鞭」，用金紅色公雞獻祭，等等。然後在本主廟裏搭臺演古裝白劇，唱大本曲，持續3至4天。海神，在民間傳說中，是來自南海的父女倆。父親被封為「洱河（洱海古稱）河神」，女兒被封為「洱河公主」又是洱海一帶村寨的本主，後來，海神為了堵住從下關水口子流出的洱海水，以身相投，被水沖走。海神姑娘傷心落淚，淚水化為一股「天泉」，悲戚變作狂風，以致掀翻漁船，淹死船民。這時，人們就要送一些好吃的，說一些好言好語，來安慰她，她便忍住悲痛，幫漁民拉網捕魚，挖溝修渠，補償自己的過失。

有些地方的漁民，不忍心把興風作浪的罪過歸於海神，就編出了魚精作怪的神話，雲南洱源縣鄧川沙坪漁潭坡每年農曆八月十五日開始，會期五至七天

的「漁潭會」，據說就是為鎮魚精而舉行的盛會。這裡是蒼山和洱海的盡頭，山垂海錯。八月風雨無定，又正是洱海的漁汛期。為保漁業豐收，漁潭會的開市儀式，就很有講究。開市儀式要在晨曦中舉行，主要交易易漁網漁具，太陽升起，漁具市場就散，其他物資交易活動方能開始。在所有物資交易活動中，引人注目的是嫁妝用具，所以漁潭會又叫嫁妝會。關於漁潭會，民間有個傳說：從前，沙坪漁潭和洱海相連，漁潭澗裏住著一條修煉千年的魚精，魚精吞食人畜，興風作浪，還強迫人們每年為它送一個漂亮姑娘。有一年，輪到一位正與打漁郎相愛的姑娘去送死，打郎為了搭救愛人，帶上魚叉潛入洞裏，與魚精拼鬥，降服了魚精。他用鐵鍊把魚精拴在鐵柱上，告訴它，今後不准隨便翻動，只有八月十五這一天才能翻一個身。打漁郎回到岸上，和戀人結為百年之好。人們感謝打漁郎為民除害，在他們結婚時送了許多禮物。後來，每到八月十五這一天，人們怕魚精借翻身又興風作浪，都在這天來趕集。太陽未出，就要在集會上翻弄漁叉漁具，嚇唬想翻身的魚精；太陽出來以後，又要唱戲對歌，吆喝叫賣，在集市上擺滿五顏六色的嫁妝用具，一來為賀有情人的為賀有情人的美滿婚姻，二來也可借打漁郎的喜事避邪除穢。

位於洱海北部的雙廊白族村民供奉的洪山本主，是在天寶戰爭中打敗唐將李宓的南詔國武將王盛、王樂和王樂寬祖孫三代，他們因功被奉為本主，號「赤男靈昭威光景帝」。洱海地區白族把紅山本主奉為海神，香火很盛。每年正月，當地白族漁民要到雙廊紅山本主廟舉行接神儀式，夏秋洱海開海時節，漁家更要舉行盛大的海神祭祀儀式。紅山廟會中必有的接送本主遊神儀式，不像其他村落抬轎陸行，而是必須用船，到洱海上迎接，從水路送歸。

最近幾年，大理州政府和白族群眾為了推動洱海地區的旅遊，把民族傳統文化作為人文旅遊資源進行開發，洱海漁民的祭祀海神儀式，也由此進入地方政府的「文化遺產」範疇，從民間信仰活動變成官方組織的文化展演。如每年一屆的「大理國際攝影節」，政府除了組織大型攝影展覽，還邀請來自各地的攝影家，參加當地具有濃厚民族特色的民俗活動。於是，「開海」這樣的漁民傳統節日，變成了與時俱進的大型文化表演活動。

自 2009 年起，我參加過幾次這樣的「節日」。地點比較固定，都在洱海邊的雙廊漁村紅山本主廟旁空地上；時間相對靈活，由政府主活動（攝影節）組織者根據需要確定（如 2009 年在 8 月 1 日，2011 年在 9 月 28 日）。獲邀者分別發有「嘉賓」、「記者」等胸牌，據此免費享有乘坐遊輪遊洱海、參加祭祀海

神儀式和在漁村聚餐的優厚待遇。其中，讓攝影發燒友們最為「發燒」的是祭祀海神儀式。

儀式開始前，岸邊有白族姑娘織漁網，湖裏和臨湖的水塘裏有白族漁民在表演用各種漁具捕魚：魚鷹捕魚、魚罩捕魚、絲網捕魚、搬罾捕魚、手撒網捕魚，甚至空手捉魚，再現傳統捕魚的場景。當然，水塘裏的魚是事先放進去的，一捕就有所獲，而且都是大魚。貌似誰捕到歸誰，所以除了身穿漂亮民族服飾的小女孩在水裏表演，一些村民也在其中渾水摸魚。捉到魚的笑容滿面，甩上岸給守候的家人。水中人捕魚，岸上照相機捕人，場面生動有趣。忽地湖面鑼鼓響起，數艘彩繪龍船操演競舟。不一會，帶著魚鷹鸕鶿的漁船和各村舞龍隊也到了。上百艘漁船掛著風帆，搖著雙櫓，在海灣遊弋；岸上各色彩龍翻舞，象徵龍遂人願，風調雨順。湖中岸上場面壯觀，忙得攝影家們東奔西突，亂作一團。

穿白族盛裝的白族小女孩表演摸魚。雲南大理，2009，鄧啟耀攝

洱海白族漁民的漁具。雲南大理，2009，鄧啟耀攝

洱海漁帆。雲南大理，2009，鄧啟耀攝

開海節儀式中白族女子舞龍表演　雲南大理，2009，鄧啟耀攝

這種快樂的混亂隨著官員們的到來而被中止。還在亂竄的攝影家被警察攔住，工作人員引導嘉賓和記者入場到位，按等級坐在場內。其他人，包括本

地非參加表演的群眾，則圍站四周，更多的人被路障攔在半島外面。面向洱海的地方隔離出一塊空地，設立祭壇。祭壇用幾張雕花紅色案桌一字擺開，上置兩個盛飾的神龕，供奉海神本主雕像。兩邊兩片白帆做背景，插兩排一人多高的香燭。沿岸高豎若干寫有「國泰民安、五穀豐登」字樣的彩色升斗。高音喇叭播放流行音樂和白族大本曲。說普通話的主持人在朗誦一篇辭藻華麗的東西。熱氣球上有電視臺攝相機俯拍大場面。不同年齡和性別的群眾表演者身穿各式顏色格調大致統一的民族服裝，按指揮列隊分站不同位置。主持人介紹大牌來賓和政府官員身份，領導甲乙丙講話，領導丁宣布開海節祭海儀式正式開始。擊鼓、鳴號三聲，鞭炮驟響，禮炮禮花形成的彩雲煙柱直沖雲霄。一位穿長衫馬褂的披髮老者面對洱海，用仿古的語言誦讀祭文，迎接海神，主祭開光、敬茶、敬香、敬酒，敬天、敬地、敬海等儀式。上百身著藍靛扎染的白族老齋奶和紅衣白褲的姑娘，在吹打樂和誦經聲中，分別列隊上香，將雞、魚、乳扇、等祭品獻上祭臺。祭臺兩邊數百齋奶敲著木魚齊聲誦經，祈禱風調雨順、魚蝦滿倉。老者宣讀完祭文，將祭文焚燒，向上天祈福，然後高呼「接本主巡海」。穿扎染坎肩的白族小夥子將祭臺上方的本主塑像抬到海邊登上船，姑娘們手持蓮花燈護送，送本主船出海巡遊，並向海裡擺放 500 隻蓮花燈。各村代表隊表演洱海漁歌、對歌、大本曲和舞龍舞獅。營造龍騰虎躍、歌舞升平的盛世意象。儀式結束，大家一起到水邊放生。嘉賓和記者被引導從水路和陸路，去參觀乳扇加工、造船、白族刺繡等特色作坊，品嘗匯聚大理所有烹魚方式的「魚全席」及地方名特飲食。

送紅山本主出海巡遊。雲南大理，2009，鄧啟耀攝

主祭的白族長者。雲南大理，2009，鄧啟耀攝

　　觀禮嘉賓一走，政府組織的開海儀式即告結束。除了幾位形象很酷的表演者還被攝影發燒友圍著擺拍，其他參加儀式的群眾均已散去。路障打開，四鄉八村的鄉親們紛紛湧入紅山半島，民間祭祀海神的活動悄然繼續。在景帝祠的大殿和偏殿裏，擠滿了朝拜的人群，有本地居民，也有外地遊客。幾位齋奶在殿前指導朝拜者上香跪拜，幫求籤者解籤，並視其投放的香火錢，為朝拜和求籤者誦經或默念祝詞。或許是功德箱滿了，她們在地上放一個大簸箕，讓朝拜者直接把錢扔裏面。還有一些隱秘的祭祀在寺廟的某些角落和鄉村裏進行。在這類祭祀中，要焚化一些當地稱為「馬子」的東西，向靈界通達信息。這類「馬子」又叫「紙馬」、「甲馬子」等，是一種民間木刻版畫作品，雕刻有民間信仰中的神靈、本主等各種形象，舉行祭祀本主、開海、祈福消災等儀式時，就要焚化它們。

大理雙廊紅山本主廟景帝祠大殿。雲南大理，2009，鄧啟耀攝

大殿裏的香客。雲南大理，2009，鄧啟耀攝

紅山本主廟景帝祠大殿裏的本主像。雲南大理，2009，鄧啟耀攝

　　我看到剛才參加開海儀式的一些白族婦女也在這裡上香，就指著外面問：「你們剛剛拜過了嘛，還拜？」一位老太太說：「各樣嘅歸各樣」。一位中年婦女怕我不明白，指著我的胸牌解釋：「外面那是政府組織我們做給你們看的」。我問：「那樣的表演你們怎麼看？」她們爽快地回答：「好啊！宣傳我們白族文化，開發旅遊，有收入。國家重視，廟也修好了嘛！」

　　她們的回答，讓我意識到一種有趣的差異和認同：「外面」搬演的拜祭是政府組織的宣傳行為，「裏面」的拜祭是村民自發的信仰行為；在「外面」她們按文化節組委會事先的排練做各種規定動作，十分配合地聽從指揮並任客人擺拍，在「裏面」卻是為自己和家人祈福，他人不得干擾；「外面」必須統一著裝統一行動，「裏面」的拜祭雖然散漫但更虔誠。神像也可以「分身」：「外面」的神像是流動的，「裏面」的神像是固定的；「外面」的「景帝」是國家社稷所封，「裏面」的「本主」是百姓的守護神。儘管她們知道「各樣歸各樣」，兩者性質有所不同，但都熱心參與。其中，最重要的認同，一是文化信仰方面的，二是經濟利益方面的。

　　在文化認同方面，白族文化歷史上就具有很大的包容性。這種包容性，首先是由於大理所處的地域文化和傳統文化。作為地處漢、藏、東南亞三大文化板塊結合部的大理，在南詔大理國時期（唐宋）曾經成為雲南的文化中心，幾條連接內地、西藏和東南亞的古道在此交匯，使大理成為名符其實的多文化交匯的十字路口。這種文化的交融使大理人對外來文化，無論是商貿、宗教、教育的和平交流，還是戰爭擄掠、武力入侵，都兼收並蓄，成為自己的文化資源，例如南詔國攻打成都擄掠 5 萬工匠和其他人才來促進經濟，把有才的俘虜任命為清平官（宰相），把大唐侵略軍敗將李宓奉為「本主」供奉等等。有趣的是，雙廊白族村民供奉的紅山本主，就是在天寶戰爭中打敗唐將的南詔國武將王氏祖孫三代，他們和敵將一起同被奉為享受香火的本主。其次，在大理地區，白、彝、藏、漢多民族共處，佛、道、儒、基督各教共存的情況極其普遍。無論什麼世道什麼時代，老百姓都習慣了這種各族雜居，諸神混處，官民同樂的狀態。比如這次政府主辦的開海節，由白族官員主持，漢族官員講話，藏族官員宣布大理洱海開海暨大理國際影會開鏡，都是頗有講究的。第三，無論它是展演的還是現實的，白族傳統文化藉此得到尊重和發揚光大，這對於歷史上幾經戰亂、政治運動和意識形態摧毀的少數民族傳統文化來說，意義重大。過去被視為「封建迷信」或「四舊」的民間信仰、民俗活動、民間文藝等，理直氣

壯地成為「文化遺產」,「迷信職業者」成為民族文化傳承人,受到國家的保護。而尊重傳統,修復廟宇,信仰自由,與民同樂,無論什麼時代,在老百姓看來,都是大得民心的事。

在經濟利益方面的認同在此不必多說。大理近年由於旅遊帶動的餐飲、旅店、民間工藝製作、民族藝術展演等第三產業,給地方財政和老百姓都帶來了實惠,與此相關的環境治理、城市建設、經貿往來,也有較大改善。這次政府與民間合謀,把現實的洱海漁業轉化為虛擬的文化展演,讓漁民成為演員,合塑了一個非漁的海神,最大的目的,還是為了增強民族凝聚力,獲取地方的經濟利益和政績。

貼滿燙金福字的漁船。深圳,2015,鄧啟耀攝

洪（紅）山本主

洪山本主的漁神身份,在這張紙馬裏表現得很充分。洪山本主的身後,蒼山下的洱海裏,三條漁船幾乎占滿了主要的空間。本主站立的船上,還特別標明「海水」二字。

洪（紅）山本主。雲南大理　　洪山本主。雲南大理　　　洪山本主。雲南大理

五、匠神

　　職業的手工業者，民間稱「匠」。在西部各民族中，有許多擅長竹、木、金屬工藝、陶器製作的能工巧匠；染織編繡，更是家常活路。藤竹器著名的有毛南族斗笠、傣族竹編等，木器有白族雲木家具、傣族彩繪木雕等，石、陶器有藏族綠松石飾品、白族大理石工藝、維吾爾族玉器、傣族陶器等，金屬工藝有保安刀、阿昌刀、藏族刀、烏銅走銀、箇舊錫器、雲南斑銅等，染織挑繡有維吾爾族絲綢、新疆地毯、藏族氆氌、珞巴族熊皮帽、彝族挑花、苗族刺繡和蠟染、白族扎染、土家錦、壯錦、傣錦等等，其他如白族羽毛畫、牙雕等，都很有名，正所謂行行有巧匠、行行顯奇工。於是，在民間各行業的傳統節祭活動中，各種工匠神便應運而生，各種類型的專業性集會也由此而來，如納西族農曆正月二十日的白沙農縣會、正月十五日的彌老會（棒棒會）等等。

　　匠神，在中國傳統文化中，是個不起眼的角色；但在西部一些少數民族中，匠神卻有很高的地位。

　　彝族古籍《六祖魂光輝》記述，在「獸與人同居」的「谷窩」時代，有四種人掌管或代表著社會生活的主要方面：

> 君魂施號令，
>
> 臣魂來指揮，
>
> 師魂有識見，
>
> 匠魂管藝人。

　　「匠魂」作為創造物質文化的主要代表，與作為創造精神文化主要代表的「師魂」相對應，可見地位顯要。在獨龍族神話和宗教觀念裏，從天到地共有十層，第一住著鬼的總頭目「木佩朋」，第二層住著創造人類、主管人們婚配

和生死的「格蒙」。第三層住著似鬼又似神的「南木」,第四層住著打鐵人的靈魂……匠魂(或匠神)的地位僅次於三位大神(鬼)。而在拉祜族中,在重大的節慶祭典中,地方政治領袖頭人,精神領袖祭司和代表先進生產力(相當於農業而言)的鐵匠,三巨頭也必須一起主持儀式,可見「匠」在一些少數民族中,地位非常之高。

如果我們記起,青銅或鐵曾經成為一個時代的文化象徵的話,就會理解,各民族有關匠神的種種神話和祭祀活動,是怎樣一種具有歷史意味的產物了;如果我們知道,以「有色金屬王國」著稱的雲南,素有「青銅文化故鄉」之名,也會明白,古滇民族是怎樣地敬畏著創造這種文化的匠神(人)了,他們能用神秘的火,把奇異的礦石溶化,使堅硬的金屬軟化為各種形狀。正因為這樣,匠神——首先是冶銅打鐵的匠神之祭,在很早時候就已盛行了。《西南彝志》載,早在「六祖分支」時,彝族先民「主持祭祀的場地,均選在銅洞前。」這大約是最初的對掌管採礦冶銅技藝的匠神的祭祀。

白族在重大工程開工時,都要立魯班的靈位,祭奠魯班。木活做完了,也要舉行送木神的儀式。送木神要擇日而行,一般由大師傅擇定。儀式要在夜深人靜時舉行,儀式開始,先在家裏用雞、飯、蛋、魚、酒、茶等祭奠魯班靈牌,然後,由主人和木匠手拿祭品、木馬、木屑、刨花等,一齊送出村外,放火將所帶的東西燒掉,並手拿掃帚以驅邪,邊舞邊迅速離開。這在某種程度上,反映了人們對附著於木匠身上的神秘力量的敬畏。

在白族地區,能工巧匠也會被奉為本主,如洱源煉鐵田心村建在一個大青岩前的本主廟,供奉的是「本境福主青岩景帝」,據說他生前是劍川一位叫許青景的木匠。傳說有一年夏天山洪暴發,即將淹沒村子。為了讓洪水改變流向,保護村寨,村民搬石阻水無濟於事。許木匠急中生智,掄起大斧砍倒一棵大香樟樹,香樟樹攔斷洪水,許木匠卻被樹倒下時帶動青岩上的巨石砸中身亡。事後,村民青岩下為許木匠建蓋廟宇,用香樟木雕像,奉他為本境福主,封號「青岩景帝」,四時享祭

1. 起房紙

起房用 25 種紙符:瘟司聖眾、五路刀兵、白虎、眾神、替身、太歲、哭神、打獵將軍、掌兵太子、白鷺太子、瘋魔祖師、羊希、水汗之神、解冤、橋神路神、消神、黑煞、夜遊、獨腳五郎、水火二神、血腥亡魂、樹木之神、張魯二

仙、喜神、土神（要的多，每棵柱子下獻一個，如果做「謝土」儀式，還要加土
神5個）。夜裏子時（如果在0點送，可管到第二天）舉行送木神儀式時，木匠
在每棵柱腳前燒一張替身紙馬，口中念：「出出出！兇神惡煞往外出！」

木神

去山裏搞木料，蓋房挑梁的時候，要把木神馬子貼在木頭的升斗上，備三
對紙盒、三牲元雞、鹽飯茶酒，請齋奶宰雞祭獻，請先生瞧好方位，豎房做完
儀式後，把木神紙符撕下來，送出去燒。搞木料帶傷了也要祭獻。

木神。清代，雲南騰沖

木神。雲南騰沖

木神。雲南巍山

木神。雲南巍山

木神。雲南巍山

木神。雲南巍山

木神。雲南保山

木神。雲南大理

房屋木氣之神

房屋木氣之神。雲南大理　　房屋木氣之神。雲南大理　　房屋木氣之神。雲南大理

家宅祀揭地神

　　雲南鳳羽地區的人們認為地神管理土地，建房動土後，土壓家人不舒服，就要舉行「起土」儀式，以獻祭地神。祭祀時雙日不能用此紙馬，逢三、六、九日可用。〔註56〕

家宅祀揭地神。雲南大理　　　　家宅祀揭地神。雲南大理

三木大王

　　三木大王也是祭木神儀式中經常出現的甲馬。一種解釋是楸木、紅椿、白樺三種木材之神的脾氣很大，建房時要祭祀他們，稍有疏忽得罪了他們，新房建好後，家中會有響動，使主人家不得安寧。另一種說法是指李、桃、梨三種木材之神，寓意這三種果樹長得快，開花結果快，果實又多。祭了這三種木材

───────────

〔註56〕趙寅松、楊郁生主編：《中國木版年畫集成·雲南甲馬卷》（集成總主編馮驥才），中華書局 2007 年版，第 330 頁。

之神，家業子孫也會像李、桃、梨那樣興旺發達、碩果累累。〔註57〕

三木大王。雲南大理

魯班先師

　　魯班是木匠的老祖師，被民間立為匠神。同時也被磚瓦業、石匠業、木雕業、鋸木業、造車鋪、搭棚業、玉器業、皮箱業甚至梳箆業、鐘錶業、編織業、鹽業、糖業等奉為祖師。連他的兩個妻子，也成為箍匠和傘業的祖師。民間建房，一定要祭謝魯班。老百姓認為，木匠最不能得罪。請他們建房，一定要小心伺候。如果得罪了他們，他們根據秘傳的《魯班書》，會作蠱使法害你。比如他拿鬼驚木裝修在你的房子裏，房子裏的木頭會叫。鬼驚木就是被雷劈到的木頭。懂的人，就拿點紅木去壓著。

魯班先師。雲南騰沖

魯班先師。雲南騰沖

〔註57〕趙寅松、楊郁生主編：《中國木版年畫集成・雲南甲馬卷》（集成總主編馮驥才）第314頁。北京：中華書局，2007。

魯班先師。雲南大理　　　　　　　魯班神馬。清，雲南騰沖

張魯二班

　　但雲南許多地方又有張班一說。大理白族地區有人說張班的原型是張天師，也有人說他是當地土生土長的一位泥水巧匠，死後被敬奉為「泥水匠之神」。〔註58〕。雲南通海縣的蒙古族是元代軍人後裔，落籍雲南後改變生活方式，擅長建房，故供奉魯班，但因為當年進入雲南時率領他們的元帥姓旃（音zhan），所以他們也把魯班說成旃班，這多半是地方化的結果。祭獻張魯先師時，打一升米，把墨斗和橫子（尺子）插在升筒裏，點一盞燈，備一些紙錢，把張魯先師馬子貼在橫子上。獻完後，連同紙錢、解冤經、五方五地等一起燒化。

張魯二班之神。雲南大理　　張魯二班先生之神。雲　　張魯二班先師。雲南祥雲
　　　　　　　　　　　　　南大理

〔註58〕楊郁生：《雲南甲馬》第141頁。昆明：雲南人民出版社，2002。

張魯仙師。雲南巍山

張魯仙師。雲南保山

張魯仙師。雲南保山

張魯仙師。雲南巍

張魯二先師。雲南大理

山張魯二先師。雲南大理

張魯二仙師。雲南巍山

張魯二仙師。雲南巍山

張魯二班先師。雲南大理

魯公輸子先師。木板水印，出自清末，
北京（日本人收藏）〔註59〕

上樑紙（「紫微高照」）

　　上樑是起房最具象徵意味的程序，要舉行特別的「上大樑」儀式。請道士或卦師選定吉日，在上樑頭晚，要用紅、黃、綠、白、青五色紙印的木神紙馬5張送木神，祭祀後燒化。上樑吉日，在升斗上貼喜神紙，遍請村中長老和賓客，祭祀土神、木神、魯班等神靈后，由德高望重者將寫有「豎玉柱金龍抱玉柱，上金樑雙鳳朝金樑，紫薇高照」祝詞的上樑紙貼在主樑正中，繫以紅布，然後由工匠們齊心合力，將其架設在頂部。同時在樑下放炮，燒化喜神紙。儀式結束，宴請賓客。

紫薇高照。雲南祥雲

〔註59〕引自蕭沉博客：《俗神》http://xiaochen.blshe.com/post/78/503808，2010,2,11。

圓木大吉

圓木大吉。雲南大理

田野考察實錄：雲南巍山起新房

從冬天到初春的農閒時節，天干無雨，是農村起房蓋屋的好時節。

2012 年 2 月 15 日，雲南巍山彝族回族自治縣巍寶山鄉洗澡塘村的老村長張國禮打電話給巍寶山長春洞的肖遙道長，邀請他參加長子的進新房宴席。我那個時期正好住在長春洞做田野考察，道長問我想不想去，我當然樂得蹭飯加考察。第二天一早，隨道長從道觀步行走小路，沿著那條被風水先生說的「龍吸水」山脈，下山到位於龍頭的洗澡塘村，去參加起新房宴席。

這條山路，多年前我從山下上來過，風景頗佳。現在下山，又是清晨，陽光空氣爽極了。和道長邊走邊聊，約莫 50 分鐘就到了這個山腳的小村。這個村除了種植和養殖，由於靠近公路，又在江邊，村裏主要副業是運輸、撈洗建築用沙和曬土城。所以，和巍山普遍的土木結構民居不一樣的是，這個村水泥結構的房子很多。老村長兒子的新房，就是這樣的樓房。院子裏客廳裏已經坐了不少人，我們被邀到客廳，和一些長者坐一起。村民知道我是道長的朋友，都熱情地招呼我。借閒聊的工夫，我大致瞭解了一下今天做起新房儀式人家的情況：

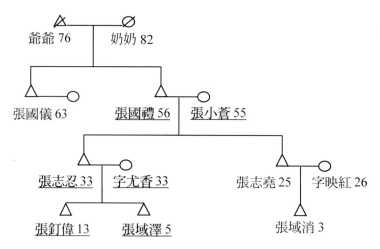

注：名字加粗和下劃線為和儀式直接相關的人

　　我注意到三代男性的名字很有意思。老村長張國禮五十年代出生，他的名字留著那個時代的痕跡；兩個兒子七八十年代出生，中間都有「志」，但並非字輩，後有「忍」和「堯」，可以感覺對那個轉折時期出生的兒子不同的期待；三個孫子近些年出生，他們的名字可以大大方方地回歸傳統，都請算命先生算過：一個命裏缺金，故名字加「釘」，另外兩個命裏缺水，所以都有三點水偏旁的「澤」和「消」，為了保水，再輔以土做的「域」。

　　傳統文化既然不再「非法」，老村長為長子起新房自然也要依傳統行事。問起來，我所期待的「謝土」儀式已經搞過，按慣例請了先生來做法事，燒了全套的「謝土」碼子。今天的活動主要是宴請賓客。

　　來賀喜的親家絡繹不絕，主人告訴我，他們都是村裏的人。他們會送來米糕，背一袋米來，還有酒、桂圓、青松毛、萬年青、茶葉、荔枝、紅糖、鹽、肉、豬肝，都是雙的，表示雙喜臨門，開戶大吉。

　　由於到的時間還早，他們建議我去洗澡塘看看。洗澡塘村就是因為有一個唐朝期間修建的天然溫泉洗澡池而得名。《巍山縣志》記載，南詔大理國始祖細奴邏之妻身患濃瘡，到此沐浴後就好了，細奴邏即把此泉開闢為湯池，取名「蒙詔湯池」。我進去看了一下，由於年代太久，用大塊石板鋪墊的洗澡池呈現不同顏色的斑跡，有的是水垢，有的像苔蘚。左邊男池出水口是一尊石雕龍頭，右邊女池出水口是一尊碩大的女性生殖器石雕。

　　洗澡堂附近的小山包上有一個火龍廟，裏面供奉火龍神。傳說這裡曾遭過一次火災，所以村民修建了這個火神廟。廟下面的河邊即是曬土城的城場，白花花曬了些土城。村民說，這裡的土城質量好，所以巍山的麵條特別香。

關於起新房「謝土」儀式，我曾帶學生在 11 年前，在巍山古城附近的一個村子裏做過較詳細的調查，記錄了幾天的儀式過程。今天的進新房宴席，大致以請客吃飯為主，現場沒有什麼明顯的儀式行為。只在席間聊天和回來查閱資料，所獲與我們上次調查有所不知的情況，做些補充：

在大理、巍山一帶，起新房是一個極受重視的大事。起房必須動土，動土就會驚擾神靈。所以，動土時要選一個吉日良辰，備好香燒、茶酒、豬頭、大米等供品，備一份以「土公地母」為主的套符碼子，一直供到祭木神時才焚燒。建房的木料備齊後，選一個吉祥大利的日子，由木匠師傅鋸一片圓木，主人將圓木片用紅布包好藏好，這就叫「圓木」，也算是木工開工儀式。「圓木」的祭祀活動要到城隍廟或本主廟中進行，由巫師主持，焚燒以木神、張魯二班為主的套符碼子，這儀式又稱請神，希望得到神的神助，工程順利安全。到豎新房這一天，左鄰右舍、親朋好友都來祝賀，當披紅掛彩的橫樑緩緩上升時，木匠師傅高喊吉利的話，巫師及家人在供臺前焚香跪拜、焚燒碼子，這過程又叫「謝神」，使用的碼子內容與「送神」相同。

「送神」要在夜深人靜時舉行，祭祀地點和方位由巫師決定，越遠越好，參加者有巫師、木匠師傅和男主人，祭品除香蠟茶酒而外，有一套微型的木工工具，一般用稻草樹枝做成，還有圓木儀式時保存好的那片圓木片。碼子用木神、樹神、張魯二班、祖先之神、本境土主、城隍、本主、山神土地、日月、水火、仁君、招財進寶、喜神、圈神、羊璽、瘟司部眾等。內容極為豐富。紙火以單數疊好，用印有圖案的套封包好，用紅紙條貼上。時辰一到，巫師點燃了香，圍著每一根柱子轉一圈，做個手勢大家跟著他速迅離開新房，途中步伐要快，不許出聲，不許回頭。到了祭祀地點把所有的祭品焚燒。祭祀的目的是希望木神能滿意地離開，帶領他的鬼斧神工回到原來的地方。傳說，木神的「鬼斧神工」殘留在家中，房子會有響動，居家不安，家業不順，六畜不旺，所以在木神上常有「送之大吉」四個字。搬進新居時要做「壓土」儀式，主要祭祀土公土母。請先生上壇做法，念經劃咒，叫「安龍奠土」。壇中央插紅香兩炷，炷中夾有「三界功曹值符使者」和「三界功曹騰奏使者」的碼子。儀式中重要的一個內容是在新居天井四角挖出四個小坑，中間挖一個稍大點的坑，四角坑內放置金、銀器（現在一般用銅、鐵代替）、雞蛋（蛋上用朱筆劃著符咒）、泥鰍四物。中心坑內焚燒以土公土母為主的碼子。由一男一女兩個小孩裝扮成土

公和土母，手拿小鐵鋤，把坑埋好。〔註60〕

　　幾天後的一個清晨，我又隨彝族朋友阿赫到巍山大倉啄木朗彝村考察。這裡的「東山彝」婦女服飾，是雲南少數民族中最華麗的一種。沿盤山公路進山，車行幾十分鐘，遙見晨光裏的幾面山坡，依坡而建的一大片村落。在鱗次櫛比的青灰色瓦房中，一些黃色的木頭房架特別突出。走進村裏，一路上不斷見到用馬馱運木料、石料、土坯和青瓦的村民。

　　我們來到啄木朗乍家村，進入一戶剛剛上過梁的人家。金黃色的木梁上，「飄樑」（上樑）時在中梁上貼的紅紙印陰陽八卦圖紙符，在陽光下十分顯眼。陸陸續續有村民帶著禮物來祝賀，然後坐在院子裏聊天，等待晚宴。一些老人已經在正廳位置的祭壇兩邊喝酒吃菜，房主人姓乍，兩夫婦殷勤地招呼客人，不時上來為老人們敬酒敬茶，磕頭拜謝。

農閒季節，許多人家都在蓋新房。雲南巍山啄木朗村，2012，鄧啟耀攝

準備建築材料，馬馱還是山地運輸的主要方式。雲南巍山東山鄉，2012，鄧啟耀攝

〔註60〕參閱楊郁生：《雲南甲馬》，雲南人民出版社2002年版，第137～138頁。

正在搭建的新房。雲南巍山東山鄉，2012，鄧啟耀攝

見我們來，老人們招呼我們坐下喝茶。我們謝過，和他們聊了起來：

A：上過梁了吧？

B：是。

A：上樑要請師傅來上嗎？還是請阿畢（彝族巫師「畢摩」）？

B：它這個是請木匠師傅來整。

C：飄樑是請阿畢。

D：我們自己飄。

B：動土的時候請阿畢。

A：用些什麼馬紙？什麼時候用？

D：臘月。碼子有一套呢！巍山街子請來，要用很多。

A：新房子是什麼時候用？

D：第一天、第二天用。

A：怎麼用？

D：我們用的是簡單。

A：咋個簡單？

D：飄樑那天點，臘月二十那天點（燒）。然後就上飄樑。

A：碼子什麼時候燒？

D：就是那時候燒。

A：燒些什麼碼子，山神土地要不要燒？

C：碼子我們這點不興燒。用火來燒。

A：什麼火？

C：紙火。

「飄樑」（上樑）時村民均來慶賀。雲南巍山東山鄉，2012，鄧啟耀攝

村寨長老坐在祭壇兩邊，接受房主人夫婦的拜謝。雲南巍山東山鄉，2012，鄧啟耀攝

「飄樑」（上樑）時在中梁上貼紅紙印的陰陽八卦圖紙符。雲南巍山東山鄉，2012，鄧啟耀攝

　　慢慢聊了一陣，大致瞭解到，這裡上新房儀式相對簡單，用的「紙火」也較少。相對而言，巍山壩子裏和附近大理的上新房儀式，就複雜得多，比如上樑除了要在中樑上掛紅布，還要貼福祿壽喜五色紙。

2. 謝土紙

　　謝土屬於大型法事，儀式複雜，延續時間較長。按照雲南大理地區的風俗，起房蓋屋應該做的儀式主要有動土、圓木、送神、壓土等儀式。

　　謝土套符配置

　　天地三界、月光、喜神、財神、招財童子、利市仙官、龍君、本境地主、家神土地、值年太歲、土神（五方土或四方土龍神）、青山老祖、替身、解結、羊希王、木神、眾神、城隍、打獵將軍、張魯先師、消神、哭神、黑煞三老總爺、阿（女舌，音 pi）之神、樹木之神、白虎、五路刀兵、瘟司聖眾、火龍太子、夜遊神等。

　　使用方法：要「起盤子」，也就是拿一個簸箕，裝黃錢 36 份、白錢 17 份、裝白錢的包封 3 張、經方 3 張，在法事結束後和各種馬子一起端出院門燒化。

　　安謝土神

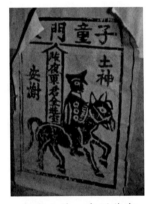

安謝土神。貴州革家

　　土伯

土伯。雲南大理

五土袍帽

用於謝土，即祭拜土神。民間傳說有五土公媽，一共五位。五土袍帽等於給他們送衣服，一般一次用五份。動土需要祭拜土神，使用數量較多。

五土袍帽。廣東普寧

田野考察實錄：雲南巍山「謝大土」

2001 年 2 月，我帶學生在雲南巍山彝族回族自治縣巍山古鎮城北寶善村參加謝土儀式。以下田野考察實錄，主要敘述巍山古鎮城北寶善村劉姓村民的謝土儀式。

寶善村劉家由於起新房動土，動了地脈，這是得罪凶神土龍神的行為，所以新屋蓋好後，要謝土龍，以鎮凶邪之氣。謝土是所有儀式中最複雜的，有時還要請土公土母來唱。請他們花的錢要加幾倍，36 元一個人，還要送一盒糖。

謝土是掃尾的儀式，在晚上子時進行，12 點以前開始，0 點以後結束，跨兩天時間。所有的凶神邪靈都要送走，也就是說所有白紙印的馬子都必須全部燒完，所以氣氛特別森嚴。

首先是佈陣。因為此儀式主要是為了鎮凶邪之氣，所以請來的多是凶神，比如四方土龍神、豹尾、十二宮生肖神，這些下界神。在樓下主房門兩側，師壇背後，左右各擺六宮生肖神像，每宮下供一碗米，上放一雞蛋；師壇祖師像

旁掛黃幡，上掛豹尾凶神像；壇前天井，按東南西北四個方位，擺四張供桌，
分別供東方青帝宅龍神君、西方白帝宅龍神君、南方赤帝宅龍神君、北方黑帝
宅龍神君。在主房門口地上，用鹽按屋宅方位畫文王八卦，並依卦分布點燃蠟
燭，稱九宮八卦神燈，做法時用作鎮宅。主房門關閉，貼鎮宅符，上有「土龍
安鎮，家道昌隆」字樣。

在樓下師壇前做法事的道人，跪拜者為劉枝元的妻子和兒子。旁邊是兒子和兒媳的
房間。雲南巍山，2001，鄧啟耀攝

做法時用作鎮宅的「九宮　　祭拜正房封門符咒。雲南巍山，2001，鄧啟耀攝
八卦神燈」。雲南巍山，
2001，鄧啟耀攝

　　法事開始，念唱《奠土科書》，繞院一周，四方土龍一一謝拜，由劉枝元
和劉家獨子在每方案前跪拜，捧諸樣供養，拿樹枝做的弓箭（桃弓柳箭），射
神案下土地，以鎮凶神惡鬼，事畢撤案。回師壇，說吉言，又樓上樓下各壇繞

行，送木神，在每棵房柱腳燒一張「替身」馬子，先生和木匠在前念唱：「出出出，兇神惡煞往外出！」家人隨後，齋奶收尾，灑掃收拾剩餘的蠟燭、紙錢、香灰等。又捉公雞畫符、掐冠，點血到鎮宅符、成套的馬子及各樣法器上，然後將筆折斷，收拾各樣馬子、桃弓柳箭等等，連同先前收拾的殘燭香灰，一同丟進一個竹編的大托盤，此物稱之為雲盤，眾神將乘此「雲彩」離去。

劉枝元夫婦跪拜四方土龍。雲南巍山，2001，鄧啟耀攝

劉枝元在先生指導下用桃弓柳箭射神案下土地。雲南巍山，2001，鄧啟耀攝

　　謝土是大法事，這個法事將被焚化的馬子，起房蓋屋專用套符主要有：值年太歲、土神（五方土或四方土龍神）、青山老祖、樹木之神、木神、水火之神、替身、眾神、消神、哭神、五路刀兵、白虎、瘟司聖眾、夜遊神等 14 種一套。

　　俗話說：「太歲當堂坐，諸神不敢侵」。太歲「率領諸神，統正方位」（《神樞經》），掌管人間禍福，農業生產，兼管土地。太歲數目無定，有十多個，也有五六個，每年的「值年太歲」也不相同。俗話說：「太歲頭上莫動土」，太歲頭上是年歲日時，如有需要動土的事，像起房蓋屋、掘墓壘墳之類，除了要打點好主管神靈，還要小心計算日子，選擇良辰，避免衝撞到無處不在的時間之神太歲。時間之神來管空間領域的事，而且是兼管，很敏感，甚至容易過度反應。即使專職的山神土地同意了的事，如果時辰不合太歲爺的意思，它也會讓人大禍臨頭。另外，結婚幾年沒有孩子，或者八字有問題，也是犯太歲了。它管制太嚴，最惹不起，所以民間認為它是壞神，要燒了祭獻。

　　修房建屋，動了龍脈地氣，要到寺廟裏，買專門的「土地」正神符像馬子，祭獻山神土地，陽宅用紅色「五方五土紙」相配，用公雞祭獻。為什麼用雞？因為雞為鳳，以鳳引龍。青山老祖是地區性山神，供在山上，過年過節祭獻後燒。

蓋房木材用得多，去山裏砍木料要祭獻木神，備三張黃錢、三炷香，一些酒肉飯菜到村外，面向山林祭獻，燒「樹神」、「樹木之神」馬子。樹神、樹木之神和木神經常同用。挑梁、砍伐帶了傷，也要祭獻。請先生先瞧應該貼在哪個方向，將此馬子貼在木米升斗上，用三對紙盒，獻三牲，鹽茶飯水，宰雞，起篩盤，豎房時送出，撕下燒掉。

白虎是道教神靈系統中的四靈之一（青龍、白虎、朱雀、玄武），本屬方位神、護衛神，但不知怎麼無論在風水術還是民間信仰裏，它都是個引起麻煩的傢伙。人老愛吵架，口舌是非多，跟人過不去，就是撞到白虎了。人有白虎找，走投無路，心亂。祭獻鹽飯茶酒、三牲，用蒿子搽鍋。泔水也先擺獻，祭祀完才拿起喂豬。如果是蓋房謝土，則和四靈一起祭獻。

立新灶取火、蓋房立柱，須備香火、黃錢，於門外燒送「火神」和「火龍大帝」。農曆四月十五火龍會，要祭獻火龍太子。火龍的塑像，塑在李家寺，南邊八公里外洗澡堂供著。北頭繫馬椿村的河心裏也供著。龍頭在大寺底，龍尾在巍寶山鄉，龍頭對著巍山城。房屋最怕「走水」（火災），故必須祭火龍，獻齋飯茶酒，把馬子焚化。跌到池塘，掉到井裏，河裏淹了，火上燒了，就該祭獻「水火二神」。房屋避火災，還要用三牲、雞，擺著祭獻。

謝土、生病、晚上出去回來不好過，請先生瞧卦，是撞著刀兵了，就要燒「五路刀兵」馬子。你不送我我送你，要在五方祭獻，哪一方都不要漏。出去燒化的時候，還要帶用紙剪的幾枝槍，幾把刀，棉衣湯飯，一起燒化。

六、戰神

在古代民族中，戰亂或械鬥較為頻繁，由此而有戰神祭或村社保護神祭。

納西族的戰神叫「戛」，又為勝利神。祭戰神一般在征戰或械鬥前舉行。祭場在水邊，豎一棵松木「戛」樹和一棵塔狀「戛呂」。「戛」樹要削掉一絡皮，掛兩片旗幡，祭時將公雞宰殺，抹血於樹上；「戛呂」砍出九節塔臺，象徵九個仇人。祭司割下雞頭，敷上面、油，弔在塔前竹竿上，以示對仇者的懲罰。主祭東巴用雞骨卜逢征戰吉凶，然後將其掛在正房柱頭上。祭完，人們用一塊豬油往家裏的門窗、柱頭和牛馬額上抹一抹，表示已將戰神請回。麗江納西族崇拜的「三朵」，也是一位善於征戰的大神，當地納西族把他奉為保護神。傳說，很久以前，一位牧羊人在玉龍雪山上放羊，羊群中跑進一隻白獐，化為白

石。放羊人背石回家，開始很輕，後來越來越重。他把石頭放下歇氣，這一放下就再背不起了，白石重約千斤。人們得知此事，認為是神顯靈，就在石頭停住的地方蓋廟供奉。後來，每當麗江人與外地人爭戰，就常有一個穿白衣白甲，騎白馬，持白矛銀刀的將軍為麗江人助戰，這便是「三朵」大神。從此，「三朵」成了納西族的民族保護神，每年定時祭祀，並演化為全民傳統節日。

彝族的戰神祭禮已溶合在傳統大節「跳宮節」（又稱打宮節、打公節、四月八日大節等）裏了，跳宮節時在農曆四月八日。據彝族巫師畢摩介紹，跳宮節起於隋、唐時期，是紀念戰爭勝利日。關於跳宮節的來源傳說很多，主要有金竹救祖和紀念戰爭勝利兩種，傳說，古時常有戰禍。有一次打了很久勝負不分。足智多謀的頭領在金竹林中巧布戰陣（一說金竹林救了族人），打敗敵人，活捉敵酋。從此後便把金竹作為克敵護身的靈物來崇拜，設節慶祝勝利。兩種傳說都與古代戰爭有關。大節活動主要是三天，初七祭祀祖先、驅鬼降魔、審判敵酋（以豬代替）、開刀慶勝等；第二天主要活動有賽馬、比武、花杆對打、舉行盛大集體舞等活動；第三天由領祭的「宮頭」清理場地，掩埋銅鼓和木鼓、用木頭製作一隻鷹，用杆子固定，插於神廟和龍樹旁，起護寨驅邪的作用。整個活動，大都以竹為中心，奉為神靈。

除了把民族英雄、白石金竹之類靈物奉為保佑戰爭勝利的神靈，有的民族，還把異族的歷史人物奉為自己的戰神。白族崇拜的本主，有許多都晚上來的帝王將相或賢人豪傑，其中，被奉為戰神的是關羽，設有武廟，民間亦流傳著「武帝」如何派陰兵參戰，使人寡的鄉兵擊退數眾的土匪的故事。白族本主除了是本村的守護神外，如果發生了對外戰爭，他又是率兵迎戰保護本民族安危的戰神。所以，一旦發生戰爭，人們就攜帶糧米、草鞋之類，連同兵器在本主廟中或附近燒祭，名為「解課」。意思是本主率領陰兵參戰，既保佑我們本民族參戰兒郎的安全，又親自與敵方保護神戰鬥，我們應該全力支持。〔註61〕紙符中的武神，一般造型為以忠勇名世的關羽關聖。

武神紙

「武神」紙馬，主角造型為古裝武將，有鬚，持劍。一般以三國名將關羽為模特，選其忠勇。也有把本民族的民族英雄或與地方歷史有關的著名將軍奉為武神的。

〔註61〕趙寅松撰寫，選自楊世鈺、趙寅松主編：《大理叢書‧本主篇》上卷本篇主編楊政業雲南民族出版社，2004，第63頁。

武神。雲南騰沖　　　　威顯關聖大帝　　　　忠義神武靈佑仁勇威顯護國保精誠綏靖翊贊宣德關聖大帝。清末，北京〔註62〕

田野考察實錄：雲南騰沖傈僳族刀杆節

2009 年 3 月 23 日，農曆二月二十七。這一天並不是趕街天，但雲南省騰沖縣猴橋鎮的主要公路兩旁異常熱鬧，甚至一大早就超過了平常的街天的喧囂程度。

猴橋鎮原名古永傈僳族鄉，2000 年改為猴橋鎮，〔註63〕以和距離 20 多公里遠的猴橋國家級口岸呼應，當地人則仍然沿襲舊稱稱其為「古永」。鎮政府所在地處在滇西高山間的一塊壩子中，成為物資、人員流動的集散地，因此也被稱為「古永街」。街道兩旁的路面被面色黝黑的古永人和緬甸人佔據作為鋪面，賣衣服、書包、毛巾、襪子、皮帶等等生活用品的居多。

在鄉鎮市場中心的「小十字街」街道旁邊，照例停著 30 多輛拉客的私人轎車和北斗星牌的微型車，但今天這些車上的擋風玻璃後面沒有像以前那樣寫著「去七標」或者「去蘇江水電站」——中緬邊境的檳榔江沿線正在蓬勃開發的水電站施工地，而是不約而同地寫著「去刀杆場」。每年的農曆二、三月的「逢八」，都是古永的傈僳族村落舉行「刀杆節」的時候，節日前後幾天都是這樣的景象。他們還知道，今天的「去刀杆場」，指的是離街市約 2.5 公里處的花村的節日場地。而花村，就是因水電開發而搬遷到古永漢族聚居區來的傈僳族村寨。不過不管距離多近，都有很多人坐車過去。

〔註62〕以上三圖引自蕭沉博客：《俗神》（圖為日本人 20 世紀初收藏）http://xiaochen.blshe.com/post/78/503808，2010,2,11。

〔註63〕本文在介紹機構時採用猴橋鎮的稱呼，而除此之外沿用當地人習慣使用的稱呼「古永」。

　　報導人能提供的關於刀杆節的例子，最早是在清代。當時由輪馬河頭的三姓人家共同舉辦，「掌堂」者是蔡姓，另外兩個是熊姓和余姓。此後由於村落的分化和家族的遷移，不同姓氏分別舉行上刀杆的活動。蔡氏搬到背陰寨、熊姓搬到猴橋村、余家則遷到羊腸河村。在民國年間，膽扎的刀杆隊就開始到其他寨子裏面去表演。1979年農曆二月初八，輪馬羊腸河恢復了中斷20多年的刀杆節。正好縣文化館館員下鄉，認為刀杆節表現了極具傈僳族民族特色的歌舞、民俗、宗教等內容，「反映了各民族數百年來保衛邊疆的大無謂精神，具有積極意義。」〔註64〕因此，該館員回縣城後向縣政府彙報並得到支持，刀杆節開始在古永一帶悄然興起。1982年，中央新聞紀錄電影製片廠來古永參觀並拍攝《傈僳歡歌》。1989年，古永傈僳族的刀杆表演隊伍在第一次「走出去」，參加了「雲南省首屆民族藝術節」。其後又在1991年參加「海埂第三屆中國藝術節」，1992年參加「海南省的國際椰子節」，1994年參加杭州的「中華民俗風情藝術節」和武漢的「全國少數民族藝術展」，1995年更是達到巔峰，參加了「全國第五屆少數民族運動會」並獲一等獎。

　　在此之前，由於花費巨大，刀杆節只是在傈僳村寨之間零星地表演。在此之後，則開始有行政村組織大型的「刀杆節」，這個模式一直持續到現在。花村作為傈僳族「社會主義新農村」的標誌，再次承擔起主辦刀杆節的任務，這是花村主辦刀杆節的第三次，第一次是在2003年搬遷前，第二次是在2005年搬遷過後。

　　在刀杆節期間，村民小組成員除了要接待和帶領參觀外，還要布置整個刀杆場和安排花村村民練習「三弦舞」，將由花村的年輕人在刀杆節上表演。因為花村的傈僳人少有能完整地彈奏和表演三弦的了，為此還請到了在縣城「傈僳族風情園」餐廳的表演者來教三弦舞，舞蹈的帶領者則是來到花村上門的怒江的傈僳人。此外，村民小組成員還要負責安排一戶人家來專門接待「外面」和「上面」的人。〔註65〕

〔註64〕騰沖縣文化館，宣傳材料，2009年4月5日。

〔註65〕「外面的人」與「上面的人」這兩個稱呼，是古永的漢人和傈僳平民對部分人群的特指。「上面的人」意為直接或間接的管理者，多是指國家行政幹部，他們也被叫做「吃國家飯的人」。如鄉鎮領導、縣城來的幹部、省城來的領導、軍隊官兵、警察等。「外面的人」則是多指因各種原因來到古永的非行政體系的外地人，如各種項目工作者、旅遊者、生意人等。按照這種分類，筆者就屬「外面的人」。

　　最左邊的一間活動室地上鋪滿了海綿墊和被子，已經住滿了人。邊防部隊捐建的「愛民固邊辦公室」，被騰出來用作「香通室」，擺放上刀杆的祭品臺和香通們的休息的草席。此時，「香通」〔註66〕們正坐在鋪在地上的席子上做著拜祭的準備。附近傈僳寨的傈僳人，他們用傈僳語在交談著，兩三個漢族的老人偶而插一句話。活動室一側的空地上，幫忙升火的傈僳人正支起兩口大鍋，同時把晚上要用的柴火搬到刀杆場中間的空上。

　　隨著夜色的臨近，來人越來越多，包括周圍寨子的漢人，盈江和緬甸一帶的傈僳人，縣城來的遊客。進村路口的車排起了幾百米的長隊，食店也開始陞火做菜，博彩遊戲處更是擁擠不堪。而在刀杆場中間，保安們用數百斤木柴點起了篝火，逐漸有人聚集在火堆周圍。在人流最少的「香通室」，香通們吃完了獻祭的食物，儀式已經悄然開始，領頭的一個「總領」上身是穿紅色的衣服，其餘的6個「香通」穿日常的中山裝上衣，下身是傈僳的青藍色短褲，弔筒和鞋都要脫掉。用兩條1.5米左右的長紅布綁在頭上或頭上戴的帽子上，一條繫在腰上。在總領的帶領下，「香通」們一共殺了3頭小豬（都在50斤以下，是那種長不大的本地小香豬，傈僳人的儀式只能用這種豬獻祭），大雞11隻。在自發的儀式中，豬和雞是一般由舉辦的村寨籌錢買的，不過這次是「搞活動」，所有的費用由村委支出。

　　香通們依次進入刀杆場，沿著一個四邊形的區域（即「四門」）拜祭，祈求平安順利。其標誌為四個角打下的木樁，並擺上一個碗，兩個酒杯。領頭的「香通」走在最前面，拿一個鑼，再次是鑼、鈴、鈸、兩面鼓。沿四門行走3圈。

　　關於刀杆節的來歷，在目前有一個在漢人和傈僳人中都較流行的「通用」版本的傳說，這個版本因為強調了民族團結和明朝的征南英雄，又強調了傈僳族的獨特傳統而成為正式的版本和官方的說法。稍後筆者將介紹另外一個截然相反的版本，那個版本，報導人甚至只願意用傈僳語提及。

　　　　明朝的時候，滇西邊境常常被外國部族侵犯，傈僳族人民頑強
　　抵抗，可是寡不敵眾，我國的領土受到了嚴重威脅。兵部尚書王驥

〔註66〕即香僮，這是古永漢人對傈僳人中上刀杆者或者儀式專家的稱呼，其來源很可能是在保山地區流行的漢人中流行的香通戲。在傈漢交流的場合，傈僳人也跟著漢人叫上刀杆人的為「香通」。但在傈僳人內部，則以傈僳語稱呼為「尼扒」，「尼扒」也是古永傈僳人對儀式專家的統稱。

受朝廷派遣，率兵馬到雲南邊境的傈僳族地區搞「聯防」，平息叛逆，收復被侵佔的土地。他對傈僳族特別愛護，總是為傈僳族著想。為了使邊境民富兵強，他派人教傈、傣族人民固定耕作，保護森林、飼養牲畜，又讓傈僳族青壯年習武練勇，日夜操練兵馬。然而，朝廷內的姦臣借機誣陷，說他在邊境招兵買馬，企圖反叛朝廷，皇帝聽信讒言，突然把王驥召回京城，並在農曆二月初八，用毒藥把他害死。傈僳族人民為了紀念和歌頌愛國將領王尚書。每逢這天，都要舉行「上刀山，下火海」活動紀念他，以激勵後代繼承先輩光榮傳統、抵禦外侮、保衛家園。〔註67〕

現在還是回到活動的大致過程，殺豬殺雞的時候「香通」就要為請來的神「領牲」，煮熟之後再「獻」。〔註68〕這兩個過程都在「香通室」最裏面的一個1米左右高，4米長的檯子上進行。豬在河邊洗好破開過後切成15釐米見方的肉塊，放到活動室邊臨時的灶臺裏面加工。拜祭臺上還有4個一組共20個酒杯，20個茶杯，松枝一邊一支，五柱香，酒兩瓶。從左到右的神位分別是7個「香通」的儀式祖先（別扡）、「漢人的神」三崇老爺（一說為雞足神，為白族的本主神。一說為王驥）、火馬將軍、白馬將軍和紅龍太子、傈僳的天神（木刮尼）、山神（米斯尼）。豬肉裝到大碗裏，連同整隻雞一起放在臨時的拜祭臺上。木板下面是祭地神（米拉尼）的2面紅旗，用大約半米的細樹棍，黏上寬約15釐米，長30釐米的紅紙做成，一根更長的木棍挑著的甲馬、一盒子米、一盒子穀子、四個酒杯、一隻雞。祭臺的右上角是掛著的兩把獵刀，這種刀在傈僳男子的日常生活中為必備，街市上也有賣。靠著刀的還有5根一人長的，一頭裝鐵尖一頭綁紅旗的旗杆。大約9點，保安們在火堆周圍開始敲鑼打鼓，把燒成木炭的柴火打碎撥開，在地上鋪成一塊圓形的炭火區即「火海」。鑼鼓聲和火光吸引了所有人，人群慢慢圍過來，使這裡暫時成為刀杆場的中心。

〔註67〕 筆者綜合了猴橋鎮的宣傳材料《崛起的猴橋》，以及當地的漢人和傈僳人的說法而整理。這個版本的傳說也散見於各種關於傈僳族刀杆節的學術論文中。中共騰沖縣猴橋鎮委員會，騰沖縣猴橋鎮人民政府編，《崛起的猴橋》（內部資料），2006年。

〔註68〕 「領牲」和「獻」是古永傈僳人儀式中的獻祭的兩個重要步驟。「領牲」即在所獻祭的神前面獻酒、茶，殺死獻牲，以血祭神。「獻」則是在獻牲的肉煮熟後，用肉和飯再次獻祭。

拜祭，每個酒杯下都壓著一張紙馬。雲南騰沖，2009，熊迅攝

「香通」一起拜祭完後，總領在每一個要下火海的香通頭上、腰上前後左右別上五色的「紙馬」，〔註69〕這是神的坐騎，能讓神更快地「上身」。隨後總領用蒿子水依出場的順序喂「香通」，並用一張點燃的甲馬在他們頭上揮舞，呼喚神上身。這時候「香通」即顯示癲狂的狀態，開始無序地高高跳起來，口裏吹著激烈的口哨，拿起梭鏢，飛快地從室內衝進「火海」。一邊模仿兩人打鬥一邊大聲呵斥。同時快速地通過燒紅的木炭，並把它們踢起一陣陣火花，直到木炭慢慢熄滅。

「下火海」並不是一個獨立的儀式，而是為第二天的上刀山做準備。下火海可以清洗掉身上骯髒和不好的東西，這樣在第二天的上刀山才不會割破腳。「香通」們脫掉鞋子，在未來兩天中，他們不能洗腳、穿鞋子、只能光著腳睡在香通室的席子上。在這之前的半個月和儀式上，「香通」不能有性生活。

「下火海」結束後，要進行上刀杆的「預演」，總領在場地內把兩根大香交叉一對斜著插在地上，一共是36支，這也是明天刀杆上刀的數量。每個「香通」都要踮起腳尖，走過這18對香構成的「路」。如果踩到或碰倒了幾根，該

─────────────────

〔註69〕紙馬又叫「甲馬」，是雲南的民間宗教儀式中常常用到的木刻版畫，用墨水套印在紙張上，用於各種拜祭的場合。見於高金龍：《簡論雲南紙馬》，《民族藝術研究》1988 年第 4 期。

香通則不能參加明天的刀杆節。這個過程持續了 40 多分鐘，之後「香通」也回香通室裏面休息，有很少的人在看花村小夥子和姑娘跳傈僳族的三弦舞。觀眾們看不到驚險刺激的場面，開始陸續離開火海區，「三弦舞」草草收場，「娛樂區」和「飲食區」又開始熱鬧起來，一直到第二天的清晨。

香通室裏面，香通們早早休息了。旁邊的棚子裏面，還有大約 20 個傈僳人聚集起來喝酒烤火，他們大多是花村人，還有來自於燈草壩、黑泥塘和緬甸文莫寨、曼噶山的親戚們。老人們開始唱起了山歌，講起了故事。經過翻譯，另外一個漢人極少瞭解的刀杆節傳說版本慢慢浮現：

> 刀杆節，我們聽傈僳話講的多，但是用漢話就不會說。我們不
> 會漢話，和啞巴差不多。很多年前，漢族家和外國的有事，要打「山
> 頭」（景頗人），後來漢族家就來打，結果怎麼打也打不贏，就約了
> 傈僳家的來打，傈僳家的人從古根（遠古）都是願意幫忙的。傈僳
> 人在山上跑得快，有很鋒利的大刀，弓弩上面有毒，隔很遠就可以
> 把人射死，一點聲音都沒有。脖子上的頸圈刀都砍不透。打了好久
> 才把那些人打贏了。傈僳人才是真正的英雄。後來你們漢族家就請
> 傈僳家喝慶功酒，殺了黃牛和水牛。我們傈僳家有人猜到可能有毒，
> 但吃了酒什麼事都沒有，就放心吃了。結果漢人在牛肉裏面下了毒
> 藥。傈僳家那些人吃了就全部死光。死了過後怎麼也不肯倒下來，
> 身體直直的，怎麼也推不倒，這個樣子也埋不著。漢人慌了，叫人
> 來念經也沒有用，最後只好叫傈僳人的後代，逼著他們上刀杆。這
> 樣那些人肯才倒下去，從此就有了刀杆節、但這些上刀杆的人再也
> 不吃牛肉了。〔註70〕

這個版本的傳說敘述了為漢人的國家效力的傈僳人如何蒙冤而死，而刀杆節成為了一個安撫靈魂的儀式。和主流的版本截然不同的版本只能用傈僳語表述，事實上講述者的漢話能力在花村算很高的，因此語言能力並不是主要的問題，可見地方性的表述是如何被模式化為語言問題，而湮沒在主流話語體系之中的。

更有意味的是，作為「最具傈僳族傳統文化」象徵意味的刀杆節，在古永傈僳香通的評述中，其實也並不是真正的「傈僳族傳統」：

〔註70〕訪談資料：DXZ，男，43 歲，無學校教育經歷，訪談時間為 2009 年 3 月 26
　　　　日，DXZ 在家中為我翻譯了當時的錄音。

　　傈僳族以前並不上上刀杆，上刀杆都是古永的漢人在上，而且
上的人都是十五六歲的婆娘（女人）。用的刀也不是我們傈僳家用的
直直的刀，她們用的是漢族家彎彎的鐮刀。結果有一次沒有把場地
搞乾淨，女人本來也不乾淨。正在上刀杆的時候，她們從刀杆上面
掉下來，被鐮刀一掛，割成兩半。漢族家就不敢上刀杆了，只好由
我們傈僳人來上。最後所有的刀杆都是傈僳人在上，變成了傈僳的
刀杆節。〔註71〕

　　雖然這只是一個普遍流傳的傳說，但是也並非空穴來風。古永傈僳人聚居
的檳榔江一線的高山峽谷中，分布著歷史上眾多的邊境的練卡。一些地方研究
者也意識到，口傳中敘述的上刀杆的最早的村落，都是在中華帝國邊緣，為國
家鎮守關卡的漢人村落而非純粹的傈僳村寨。只是在後來的流變中，類似於軍
隊操練的上刀杆，才成為了傈僳族民間傳統。〔註72〕

　　第二天早上十點鐘，「娛樂區」和「飲食區」又開始了一天的熱鬧。外圍
的扔沙包打飲料的小攤子比昨天又增加了不少。疲憊的小寶又來到活動室，布
置設備，打開了音響。

　　刀杆場上已經赫然立著一隻碩大的駱駝，旁邊的小鋪子裏面，傣族的攝影
師帶來了現場打印的機器，有相框的照片40元一張，拍照的人還不少。猴橋
文化站把刀杆場邊的櫥窗修正一新，貼上了照片反映花村傈僳人的幸福生活。
瀾滄江啤酒公司趕過來搞起了喝啤酒比賽。防艾項目組也派來了專家，準備趁
刀杆節安排一次艾滋病知識培訓。縣衛生局開來了車，在一邊掛起了橫幅，準
備搞「防艾有獎知識競賽」。邊防部隊的官兵被邀請過來，有的拿著攝相機，
也來拍攝「民族傳統文化」。猴橋信用社擺了幾張桌子，介紹ATM機的使用方
法、真假人民幣識別和「綠色金融，匯通城鄉」的服務。縣電視臺也派來了記
者，準備拍攝上刀杆的驚險場景和民族團結的和諧景象。不過，擁有相機或攝
影機的來人都會被告誡，不要試圖拍攝「娛樂區」內的景象，大多數的「上面
的人」也會主動迴避開「娛樂區」，而把視線集中於「儀式區」的上刀杆或者
「表演區」的歌舞表演。

　　對於觀看者來說，刀杆節是一個節日，其作用在於提供一個跨越村落的交

〔註71〕多名報導人提及這一點，此處用 CJW 的訪談資料。CJW，男，62 歲，文化程
　　　　度為高中畢業，參加過保山幹訓班，2008 年 3 月 20 日在 CJW 家中訪談。
〔註72〕訪談資料：LZ，男，54 歲，自由撰稿人，文化程度為大專，曾任騰沖文管所
　　　　所長，2008 年 7 月 15 日在 LZ 家中訪談。

往場合，能結識到更多的傈僳人，結下更豐富的人際關係。筆者觀察到的這幾次刀杆節，並沒有儀式性的跳嘎活動，也沒有專門的吟唱方式。偶而有「串親戚」的人們用對歌的方式唱唱情歌，或者唱平時娛樂用的「串親調」〔註73〕。

「串親調」往往在比較重要的聚會和節日中演唱，也經常被插入到其他的調子中，作為基礎的過程鋪墊。它分為「串親人」和「盼親人」兩個角色。串親人述說種種艱辛與危險：飢餓、疲勞，各種動物的阻攔，比如水鳥、水老鼠、松鼠、果鳥、栗樹鳥、椎栗鳥、松鸚鵡、冷松鳥、野豬、老熊、松子鳥、松子雀、環頸鳥、蜂虎鳥等等。還有各種「橋」的危險和不結實。每當這時，「串親人」心裏就會出現波折，想轉頭回去。而「盼親的人」則一一解決這些問題，並用熱情的召喚來為「串親人」打氣，鼓勵他們繼續往前走。他們用弓弩和長刀趕跑動物，或者殺死下酒；為了讓「串親人」能夠踩上結實的橋，他們嘗試著用各種樹木搭不同的橋。其材料基本上涉及了傈僳人生活中的各種重要林木，如山胡椒橋、檳榔橋、木蓮橋、櫻桃橋、果松橋等等，一共要面臨十二種不同的挑戰、搭十二種不同的橋。連同前面的各種動物的介紹，「串親調」勾勒了一個傈僳人生長的基本自然環境，包含了豐富的生活經驗和地方性知識。

在最後的段落，「串親調」解釋了串親的原因：由於老一輩的人愛串親戚，他們結下的親戚和朋友的關係，讓後代不知疲倦地走在串親的路上。一個象徵性的「橋」成為解開來自於陌生人的阻擾，上一輩結下的聯繫成為最後和最關鍵的聯繫紐帶：

> 我們來到包頭橋，我們走到手鐲橋。
>
> 被你哥哥拿了去，被你嫂嫂拿走去。
>
> ……
>
> 不知你是爹的親戚，不知你是媽的親戚。
>
> 我們另外搭座橋，我們別處搭座橋。
>
> 到太陽出的地方去找，到月亮出的地方去找。
>
> 找著爸爸當年走的金橋，找著媽媽當年架的銀橋。

除了自然原因造成的阻攔外，最後的障礙來自於不認識的人，而上一輩留下的人際關係網絡則成為解決這個問題的關鍵。「金橋」和「銀橋」分別指父方和母方的關係網絡，它使人們走到一起，將區域人群連接為一個整體。當然，

〔註73〕雲南省民間文學集成辦公室、保山地區民間文學集成小組編，《傈僳族風俗歌集成》，雲南民族出版社 1988 年版，第 371～467 頁。

關係網絡也濡化了古永傈僳人的群體意識和認同：「叫著搭橋朋友的名，喊著搭橋親戚的名。我約十二個朋友，我約十三個夥伴，像烏鴉般地走來，像松雞般走來。架不好的橋沒有，搭不好的橋不在。」

　　雖然「刀杆節」是一個表層的，在國家／地方這一構想中的舞臺上表演的演劇。但它也構築了一個融於古永傈僳人節日交流的場景，其功能還是強化了古永傈僳人的親屬和朋友的關係網絡在跨村落區域社會內的結合。

　　「香通」們吃完早飯，和保安們一起，開始在刀杆上裝刀。所謂的刀杆，是四截約 10 米的鋼管，每兩節鋼管一對，中間每隔一尺半就用螺栓固定住一把刀，一共三十六把。刀身和鋼管的接頭處夾上「甲馬」。〔註74〕甲馬起到驅趕鬼神的作用，在刀杆放下來後，甲馬被觀眾搶回去以保平安，尤其是可以治療嬰兒晚上哭啼和大人的失眠。鋼管頂端裝一個可容納兩人站立的較長的平臺，插上甲馬和 12 面彩旗。所有的裝配完成後，用鋼索和木製的弔裝把鋼管豎起來。刀杆的頂上用鋼索拉到四個角的木樁上固定住。隨著鑼鼓敲響，上刀杆方形區已經被人群圍得水泄不通。

　　除了昨天擺下的祭品，「四門土地」處還各栓了一隻雞。在已經豎起來的刀杆腳則擺上一張桌子，擺上三炷香、三個茶杯、三個酒杯。這是米拉尼，即負責上刀杆方形區域的「中樁土地」或「中樁皇帝」。大約在下午一點鐘，在香通室拜祭完別扒、三崇神、米拉尼，在刀杆處拜祭完中樁和四門，上刀杆的活動正式開始。「香通」和昨天下火海的裝束一樣，只是腳上因踩炭火而變得焦黑。他們手打鑼或鼓在場內依次順時針走 3 圈，逆時針走 3 圈，再到桌子前拜中樁土地。之後由領頭「香通」先上，他嘴裏吹著口哨，用口水在手上和腳上各塗一下，慢慢地踩著刀口往上爬，而其他四個則模仿手持兵器的兩兩對打。在他上頂以後，要留在頂上，由另一個「香通」把帶鐵尖的紅旗帶上去。再在上面向四個方向參拜。接著把紅旗扔下來，插在四個方位。如果沒插上，則繼續這一過程。與以前不同的是，今天第一個香通上去後，即在頂端放下一條「弘揚民族文化、共創健康生活」的紅布標語。整個過程「香通」表情嚴肅而動作誇張，直到所有的「香通」下來過後，站在桌子上展示沒有受傷的腳底。回到香通室答謝神靈，20 多分鐘後，今天的上刀杆就結束了。

〔註74〕「甲馬」又叫紙馬，是雲南的民間宗教儀式中常常用到的木刻版畫，用墨水套印在紙張上，用於各種拜祭的場合。見於高金龍：《簡論雲南紙馬》，《民族藝術研究》1988 年第 4 期。

準備上刀杆的傈僳族「香通」。　　　　「香通」帶頭赤足爬上縛滿紙馬的刀杆。
　　　　　　　　　　　　　　　　　　雲南騰沖，2009，熊迅攝

「香通」身上和刀杆上都縛滿　　　順利登頂。雲南騰沖，2009，熊迅攝
紙馬。雲南騰沖，2009，熊迅
攝

　　很快，刀杆場的「表演區」又開始了另外的活動：有小學生的健美操舞蹈、有老年人協會的扇子舞、應防艾項目組織旨在教育的學生小品，節目如下：舞蹈有《傈僳族三弦舞》《小螺號》《月光下的鳳尾竹》《讓我們蕩起雙槳》《奔奔》《感恩的心》《採蘑菇的小姑娘》《草原之歌》《好日子》《讀書郎》《校園集體舞》《我的依念在水果娃娃》《我家在中國》；小品有《看醫生》《家教》《警察與小偷》《還我生命的空間》。還有兒童時裝秀、朗誦等一一登場。其中，老年協會的表演凸顯了民族團結，漢人和傈僳人一起，採用了傈僳人跳嘎的舞步，用漢語唱起了《古永是個好地方》等。在此之中，傈僳老人大多沒有開口，而任由舞步凌亂的漢人們演繹描述傈僳人的山歌。

　　表演過後，第一天的上刀杆就此結束，此後還有兩天同樣的上刀杆。表演節目的小學生要迴學校卸妝、外來者在好奇過後繼續「娛樂」或回去縣城，項目工作者拍完照片也要趕回賓館，攝影者和遊客被告知後面兩天沒有新鮮的內容可以觀看，他們都紛紛離開。一時間，村口道路在馬達轟鳴，塵土飛揚後漸漸安靜下來。當然，「娛樂區」還是人來人往，車流不絕，保安們被集中起來開會，被要求繼續嚴密地巡視，務必保證不出亂子。據筆者觀察，第一天是上刀杆儀式的觀眾最多的一天，大約有 500 人，第二天的觀眾不到 20 人，其中多數是傈僳打扮的老年人和村民。而保安隊估算，第一天在「娛樂區」來玩的不下 4000 人，「娛樂區」其後的兩天，人數也是不相上下。

　　此後的兩天時間，除了每天中午的短暫的上刀杆外，花村刀杆場多數的時間都是在「娛樂區」和「飲食區」的喧嘩中度過。第二天晚上七點半的暮色之中，花村的傈僳小夥子、姑娘和小孩們又到活動室前的「表演區」，由於沒有觀眾，這次的跳三弦變得輕鬆和隨意。用了兩個小夥子拿出了三弦邊跳邊唱，練習風情園老師教跳的新舞步。這樣的氣氛很快吸引了花村的老人們，跳三弦的圈子越來越大。不久，人群移到「儀式區」，在那裏圈子再一次擴大，三弦舞變成了跳嘎，香通們和來串親戚的傈僳人都參加進來，圍著點起來的火堆，一邊跟著領頭的吟唱，一邊牽著手緩慢移動。有人抬了幾件啤酒，兩件白酒，向跳嘎的人們挨個遞上酒碗。吟誦的歌聲和跳嘎一直持續到凌晨。

　　第三天中午，香通們最後一次登上本次刀杆節的刀杆，此時圍觀的觀眾已經沒有了，村口的卡子被撤掉，「娛樂區」的棚子最先撤離，「飲食區」也慢慢撤去，現場一片紊亂，卡車裝著經營者的家當快速離開，只留下棚子的骨架。香通們從刀杆上下來後，先拜謝中椿土地後回到室內感謝自己的別扒。總領再次拿出蒿子水碗給香通喝，香通喝完即身體一軟，向後倒在幫忙扶住的人身上，意味著刀杆的神已經離開，他們的身體如夢初醒般回到正常狀態。之後香通再次走出屋子，刀杆下聚集了十多個抱著孩子的傈僳人，這些孩子被抱起來，通過刀杆架上的空格，由香通接過去。此舉是為了保佑孩子身體的潔淨，且能享受由順利結束的刀杆帶來的幸運。年輕人再一次跳起了三弦舞，經過前面兩天的表演，他們的舞步和配合都好了很多。

　　下午四點，一輛大弔車開進了刀杆場，不到半小時，刀杆架被放倒，四個拉著的鋼索也被收起來。現場的幾個人很快地扯下刀杆架上的甲馬帶回家去，據說刀杆上的甲馬能為保存者帶來好運。香通們依次拜謝四門土地，並把沒用

完的用品逐一燒掉。刀杆節至此正式結束，刀杆場內已經一片狼藉，只剩下最後幾個沒走的小攤主人們慢慢地收拾著物品。

第四天一早，香通們在家裏的家堂前跪下，用一隻雞感謝自己的別扒在儀式上的幫助，並期待在以後的儀式中能得到他們的保佑。除了這一隻雞，刀杆節組織者對香通還有額外的酬勞，一般是每人每天兩百。花村的香通們經常應邀去其他村寨或者緬甸表演上刀杆，酬勞也是一天 200 元到 400 元。前段時間甚至還有人通過古永的漢人請他們到蒙古或臺灣去表演，不過老人們覺得酬金並不高，那個漢人又不是真正的親戚。關鍵是沒有通過政府的安排，不太放心，因此婉言謝絕了邀請者。

村子裏現在已經完全安靜下來，花村村民們已經收拾好自己家的床鋪，最後一批親戚們吃完早飯，陸續開著摩托車回家去了。刀杆場上只留下一地的包裝袋和垃圾。

花村刀杆節和村落，2008，YWQ 攝

附：跨境展示的中國刀杆節

筆者選取了一次在緬甸甘拜地開發區文莫寨的刀杆節來作為例子——正是由於地處外國，這一儀式更加體現出「中國」的特色。另外，由於文莫寨也是傈僳人聚居區，較少受到國內流行的少數民族風情展示思路的影響。

　　比起花村刀杆節，文莫刀杆節稍微傾向完整的儀式空間布置和儀式過程。在這次刀杆節上的總領很有優越感地告訴筆者：「我們這個搞的才叫是正宗的刀杆節，哪樣（神靈）哪樣都要拜到。我們還敢吃燒紅的鐵鍊子，不像他們搞的（刀杆節），都不按規矩整，跳火海輕輕地下了就完了」。

　　2009 年 5 月 1 號是農曆四月初七，燈草壩的尼扒們登上一輛解放牌大卡車，車上綁著鋼管做的刀杆架，車廂裏面還有未來幾天需要宰殺的豬和雞，炊具和酒、帳篷等。筆者和燈草壩的 10 多個年輕人各自在車廂裏找到下腳的位置，站在車上。車搖搖晃晃地開出燈草壩，很快上了黑泥塘的騰密路。這次的行程是到緬甸的文莫寨，去表演上刀山下火海。邀請者是控制甘拜地一帶上緬地區的新民主軍的營長，他是古永人，70 年代跑過去後參加新民主軍，如今已經擁有不小的實力。營長邀請燈草壩的尼扒上刀杆並非純粹的為了看表演，而是為其開辦的賭場增加附加值，吸引更多的邊民和在邊境一帶做生意的大老闆們前去捧場。

　　燈草壩的領隊和營長關係甚密，此次「帶隊」前往，上刀杆的尼扒有 4 個，分別來自於燈草壩、彎子塘、黑泥塘。

　　卡車在黑泥塘路口停下，再加上數張桌子、凳子、床墊、帳篷用品後，就沿著騰密路，出 4 號界椿的關卡，進緬甸檢查站停車檢查。此時的檢查站牆上還貼著一張花村刀杆節的宣傳單。過了檢查站，就進入甘拜地境內，抬頭可以看見公路上方豎著中緬文的「緬甸甘拜地旅遊經濟開發區」大紅橫幅，再向前 30 多公里，就到達文莫寨了。

　　刀杆隊來到文莫寨，輕車熟路地選擇了一塊靠著溪流的山腰平地，離公路和賭場都很近。刀杆場外面的賭場呈長條形分佈在公路拐彎處的一旁，裏面有猜大小兩家（這個是最賺錢的），牌九很多，共約 16～18 家，「扯老道」有 5 家。裏面莊家多是中國出去的漢人，大部分能說普通話招徠生意。生意期間，通用的語言也是漢話。參加賭博遊戲的女人數量不少，但只有 3 家牌九檔口的著傈僳服裝的婦女是莊家。

　　帳篷的外面是一排賣煙、小吃、燒烤、傣族撒撇的攤子，約有 20 多家，基本也是古永過去的漢人。在過了橋的公路邊，有大約 10 家左右的地攤，賣緬甸、泰國、印度的各種藥，健身飲料，還有生活用品比如手電、鍋、皮帶、收音機、印緬電影、衣服、民族特色的布包、涼鞋等。還有兩個小車搭起了賣

西瓜的鋪子。攤主有文莫寨老街上的攤主，也有景頗人、克欽人，以及從南部來的緬人。這一帶的路邊熱鬧繁雜，也是尼扒和參加刀杆節的人們經常閒逛和熟人相遇的地方。

刀杆節的大致過程，筆者在前面已經詳細介紹過，在此不再贅述，而直接進入到儀式。

（1）刀杆節的參與者

主要的表演者：「總領」60歲，是燈草壩一帶知名的尼扒。尼扒何住明，他自稱漢人，50歲後，來燈草壩上門的。協助的尼扒，最年輕的28歲，傈僳人，是最近兩年才開始跟著刀杆隊，其他多在50歲上下。除了上刀杆的尼扒外，還約了十多個個燈草壩的年輕人，屆時要跳三弦舞和唱歌。刀杆隊自帶灶具和食料，專門請了兩個燈草壩的女性來做飯。在空閒的時候，年輕人們也經常來幫忙做飯。

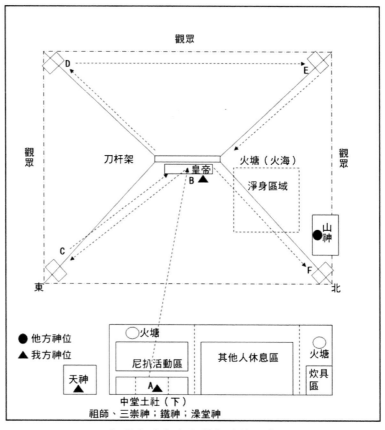

刀杆場空間分布和拜祭路線示意圖

（2）刀杆場的空間分布與具體設置

刀杆場位於山腰的一小塊平地上，一條小溪沿場地左邊邊線，從圖下方流向上方，因此圖下方更靠近山腳。整個區域被分成兩個主要的功能區：圖上方的刀杆區和觀看區，圖下方的拜祭區和休息區，搭有臨時的帳篷。其中尼扒主要在供有神位的這一邊活動，睡覺也在這一邊打地鋪。只有如此，神靈上身的尼扒才能得到其別扒的保護。

山神（米斯尼）是刀杆舉辦地點的管理者，被認為是「管山的官」，他控制著這一片地區，上刀杆的人需要請他下來保護這個場地不受侵犯和威脅。所謂的威脅是指來歷不明的鬼魂，比如山裏的鬼。一名報導人說，山神的神位「就像村公所一樣」，是地域性的他方神，因此「到他的地盤上就要交稅」〔註75〕。他比土地神要低一極，相當於土地神的將軍，幫助土地神保護這一帶的平安。拜山神要十張五色紙，一對雞，不用甲馬。

天神和中堂土神是「一正一副」，但天神是請的時候才下來，平常不下來。土神就是棚子裏面的總管，棚子裏的大小事情就是土神來管的。拜天神要一對雞、六個酒碗、六對紙火。土神要用茶和酒、雞、豬、甲馬。

在棚子內，除了地面上的中堂土神以外，還有搭在木板製成的檯面上的三個神位，中間是魯班大鐵神，他是這三個神中間最大的。魯班是所有匠人的祖師，匠人家裏也都有供魯班大鐵神的位置。在面對檯面的左邊，是澡堂神；右邊是別扒（祖師）和三崇神，也叫三朝神，也就就是王尚書，他相當於請來的客人。一般人家裏都不拜，只是上刀杆的時候才拜。

中椿皇帝〔註76〕：是整個刀杆場表演區最大的神，寶占貴解釋說，「所有的事都圍繞他來轉」。皇帝位置需要供一對茶、一對酒和甲馬。在刀杆結束前要栓一隻雞。四門（四方）就相當於皇帝派出來的將軍，是來保護刀杆的。他們的外面就是未知力量控制的「外土」了。所以四門也是獻祭外土，請它們過來保護的。

〔註75〕 訪談資料：DZG，男，60歲。2009年4月30日，緬甸文莫寨刀杆場。

〔註76〕 「皇帝」是很明確的國家力量的象徵，在刀杆儀式中的王尚書、大將軍等也都是國家力量的在場。通過將這些國家象徵元素，可以從某種程度上確立其行為的正統性。「通過在儀式中植入國家符號，民間力量可以實現對國家權力在某種意義上的徵用，使之成為整合族群內外部關係的力量。」參見：呂俊彪：《民間儀式與國家權力的徵用——以海村哈節儀式為例》，《廣西民族學院學報》（哲學社會科學版）2005年第5期。

在第一個尼扒上刀杆後，要把插在刀杆上的 5 面紅旗扔下來，這五面旗也是代表皇帝和四門，如果哪邊的旗子沒有插穩，就說明代表的那一邊不平安。皇帝和四門處都要放上刀頭肉供奉。

（3）拜祭的順序和時間

在上刀杆的整個過程中，拜祭神靈是非常重要的程序。整個過程分為四步：堂拜（棚子裏面的神）──中拜（皇帝）──四門（四方）──堂拜為一個完整的過程。規矩是一天要三次：早上起來後、上刀杆之前、睡前一次。

四月初七號晚上殺雞，豬，分別獻米拉尼和木刮尼。需要獻祭的還有一系列的地方神靈：廟房（嘎自）什扒，廟房什媽，他們管轄村寨廟房的區域。還有管轄整個古永區的鬼：硝塘（字渡）什扒，硝塘什媽；冷硝（字架）什扒，冷硝什媽；屬於米斯尼的有岩石（卦借）什扒，岩石什媽；黑岩（厄噠）什扒，黑岩什媽。它們管轄整個檳榔江沿線，包括三岔河往下、花村一帶，下至盈江，出中國到緬甸。同屬「我方」米斯尼的還有澡堂（咧渡）什扒，澡堂什媽。附近有澡堂即溫泉的才獻祭該神。

除此之外，還有鐵匠（霍尼）什扒，鐵匠什媽。三朝百祖，三朝老爺。火龍太子。紅馬將軍，白馬將軍。三十六把金鋼銀鋼，三十六把金刀銀刀（據說是鐵匠打下來的）。這些神的稱謂都是用漢話念出來的。

每個尼扒都會請自己的別扒，要殺一隻雞。一開始是領牲，保護尼扒不要出事情，不要出洋相。手腳不要被刀割到，不要在半路上掉下來。另外還要念誦：「不是我們尼扒厲害，而是你們別扒有能力。希望得到好好的保護，整個過程清清秀秀的。」再一次強調別扒的重要作用。

「領牲」過後還要「獻」。大致的意思如下：剛才只是領牲，剛才還只有酒和茶，現在的飯也熟了，肉也香了，你們快來吃，你們快來享用。再次請求別扒保護明天的上刀杆不會出意外。

下火海之前要燒甲馬、紙火。請各種什扒〔註77〕下來保護保佑，特別是米斯尼，不要讓人被燙著，不要讓腳起泡。之後要請上刀杆的神下來。每個人都被不同的神上身，鐵神將軍〔註78〕也被請下來，但不需要上身。

〔註77〕傈僳語音譯，直譯為「當官的人」，如鄉村幹部、士兵、警察等「吃國家飯」且有權力的被稱為「什扒」，但教師等雖「吃國家飯」，但無強制權力的不能被稱為「什扒」。什扒也是地方管理神如土地神等的統稱。

〔註78〕在傈僳語中，和鐵匠什扒是一樣的稱呼，但用漢語就要說鐵神將軍。

　　總領把蒿子水澆在每個下火海的參與者的頭上，叫米拉尼來幫著照顧這些人，不要讓他們出問題。其中，火龍太子很厲害，他上身後最先出場。「上身」會影響尼扒的身體健康，越厲害的神上身，危害越大。據說如果是年輕的尼扒被火龍太子上身，他們通常都活不過三十六歲。

　　因此，年輕尼扒需要把火龍太子「換」給年老的尼扒，上身對後者影響不大。哪個神上哪個尼扒的身，是在過年的時候知道的。新年的夜晚要喝酒唱歌，這時就有尼扒跳起來，進入一種癲狂的狀態，這時就是尼扒要準備收「徒弟」了〔註79〕。尼扒接收一個「徒弟」的時候會在火塘邊上，在徒弟頭上架四把尖刀，一把尖刀頂住喉嚨，讓徒弟發誓：「以後要是做好事，治病救人呢就發財發旺，要是不做好事，反而有不好的心腸，自己或者幫著別人害人，那就有不好的事降到身上，得怪病治不好，死也不能正常死。」發完誓，尼扒就會告知徒弟誰是上他身的神，以後就是這個被告知的徒弟來接替該尼扒了。接替者也不會告訴其他人，但在刀杆節前夜總領叫到該神的名字的時候就會有反應。

　　之後的跳火海，洗火澡、插香，也叫「開香爐」。其目的是測試尼扒的狀態，如果碰倒的香多，那表示第二天不能上，老尼扒 YGN 很想參加第二天的上刀杆，但在「開香爐」時碰掉了幾支香後，最後第二天還是沒敢上。下完火海，尼扒們回到「活動室」，總領為每個人噴蒿子水，讓這些人「醒過來」。再燒紙火，感謝幫忙的各位神。

（4）管轄的權力和敬神的物品

　　上刀杆的尼扒不吃牛肉、黃鱔、狗肉、羊肉。在休息的間隙，YQP 告訴筆者刀杆節傳說的第三個版本：「當時王尚書三征麓川，要在騰沖修城，皇帝說你三年內能把城修完，我到時就把皇位讓給你。三年期滿，王尚書真的帶人把城修好了。皇帝心壞，不想讓王位，於是就讓自己的媳婦來半路做飯，在牛

〔註79〕大多數的尼扒否認自己曾有師傅，或有學習的經歷，而把儀式技術和治療能力歸結為天賦神授。但也有不少尼扒私下告訴筆者，某某尼扒相當於是自己的「徒弟」，因為經常帶他們出去做儀式。筆者認為，只承認自己有徒弟而不承認自己有師傅的現象，是因為其儀式系統過於強調神授能力的力量，而拒絕正式的師徒關係。就筆者的觀察，不少年輕的尼扒正是通過不斷與成熟尼扒一起進行儀式而得到鍛鍊。因此，沒有正式的師徒關係並不意味著沒有學習的機會和場合。此處的「徒弟」，實際上指的是年老尼扒為自己選的「接班人」。

肉裏面放了毒藥。王尚書當然知道裏面有毒藥，又不能不吃，就被害死了。人雖然死了，但陰魂不散，一直往四方飄，來到古永這個偏僻的地方。」王尚書的魂也會「上身」，最後上到了傈僳人的身上：

> 王尚書死之前是漢族上刀杆，王尚書死後，他的大將軍夢著他的鬼魂以後就被上身了，亂叫亂跳講他的冤情。皇帝說，你去上刀山下火海，要是不死的話就讓你做皇帝。因為大將軍有魂保護著，一點事沒有。皇帝還是不願意讓出位子，就讓太子把大將軍的手下搞亂，手下就不團結，自己人打自己人。王尚書的鬼魂只好繼續飄，最後飄到了我們輪馬的傈僳人這裡。余姓人做夢夢到，還問，你們可願意當皇帝？回答說，現在馬上解放了，哪來的皇帝？王尚書說，解放了生活好過，更需要皇帝。醒來後就會用火洗臉，也會上刀杆了。余姓、熊姓、褚姓最先上刀杆。〔註80〕

「王尚書上身」的故事中有一個基本的結構：處於國家正統力量中心的「王尚書」的魂魄，由於漢人自己不團結，迫不得已上到傈僳人的身上。

「學習漢人」的情況在刀杆節的傳播上也可以看到，參加刀杆的尼扒都認為，早些時候是漢人村寨上刀杆，比如蘇江、明光麻栗壩、界頭大塘，這些地方都是「守衛國家，保家衛國」的隘口所在地。後來有熊姓和余姓的輪馬傈僳人去蘇江，學成之後又傳至羊腸河。50 年代前傈僳家的一直上刀杆，燈草壩這邊只上了兩三代。以前只有兩個人會上，現在小青年也開始學習，加起來已經有四代人了。

多數報導人認為，某地上刀杆的人是「封出來的」，就像「大官封小官」一樣。刀杆節上大量使用的甲馬類似於任命官員的「紅頭文件」。甲馬「飛到哪個地方，哪個地方就開始出上刀杆的人了」。有的時候是甲馬飛到地上，小孩子撿回去自己村子，那這一帶從此就有了上刀杆的人。像這一次的文莫寨，雖然風也大雨也大，但是甲馬就沒有一張掉下來。所以，文莫這個地方至少明年還是不會出能上刀杆的人的人。〔註81〕

傈僳人廣泛使用的弓弩也被認為是諸葛亮發明的。尼扒竇占貴說，「凡是有毒的武器都是孔明先生想出來的。他帶兵到過天外地外，出去的時候一個只有一把刀，武器是邊走邊造，看當地有什麼就造什麼。比如說扣子、射弩、錨

〔註80〕訪談資料：DZG，男，68 歲。2009 年 5 月 2 日，緬甸文莫寨刀杆場。
〔註81〕訪談資料：DZG，HZM，均為尼扒，2009 年 5 月 2 日，緬甸文莫寨刀杆場。

（miao）子、炸坑、跌坑等等。出去的時候帶了一萬五千兵，不有對手才回來。箭和弓弩就是諸葛亮給傈傈人的。」

刀杆節上的雞骨卦，是一種觀察對比力量的儀式技術。

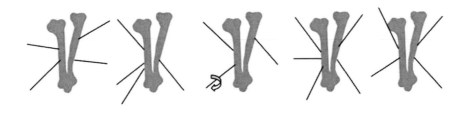

①中椿皇帝　　②東　　③南　　④西　　⑤北

四月初九的雞骨卦

在拜祭後，取雞的左右腿與身體連接處的小骨組成一對，以竹筷削尖插入骨頭底部並使兩個骨頭靠在一起。仔細觀察骨頭兩側的細小眼孔，用比頭髮絲略粗的細竹絲按照眼孔的角度輕輕插入。一般來說，每根骨頭兩側都有 1～3 個小眼，因此可以插入對等數量的竹絲。通過對比兩側的竹絲的位置和角度，就可以判斷處於所拜祭神位或者方位的卦象。單獨的一根骨頭的竹絲不說明問題，尼扒必須通過觀察一堆骨頭上竹絲的情況對比來判斷。左側的骨頭代表「他者」（往往是刀杆所在地的人）；右側的骨頭代表「我們」；上部的竹絲代表「手」；下部的竹絲代表「腳」；如果有中間的竹絲，則代表「手上所夾持的對象」或者「腳」。

在例子①，中椿皇帝的卦位中，對方「手低腳低」，代表做事穩重，對比起來，我方手太高，說明做事情不穩當，做得不對。而腳的位置和對方正好處在同一條直線上，說明在某些方面對方和我方有所衝撞或衝突。（但也表示對方可能在財產方面送給我們一些機會，（衝突既是危險又是機會），比如說賭場上對方可能會輸一些錢），不管怎樣，這個卦不是平穩的卦象，而是有一些風險。

在例子②中，基本的卦象顯示為「三清」，因此總體上來講是比較好的。但在「他們」的一側，中間多出了一根「手」，因此「我們」要提防來自東邊的和「他們」衝撞的地方。

在例子③中，左下方的竹絲像背面翻轉了約 30 度（見圖），這個卦是「罪

人」，從背後來搗亂的意思，是不好的卦象。這次「我們」要小心，不能出了漏子。

在例子④中，「他們」的「腳」多一隻，我們的腳和手都是穩當的。也有可能是送財的意思，但這個卦也不是很好，不很喜歡。中間多出來的形狀是直戳戳的過來，表示動權利或者是貿易方面的問題。

在例子⑤中，「他們」的手太高，腳也飄起來，說明他們實力太弱。我們腳低手低，說明做事穩當，這個方位說明沒有什麼問題。〔註82〕

七、歌舞神

春暖花開的季節，是各民族交往遊樂的好日子。不同形式和內容的「花節」、「花會」、「花街」、「歌會」，也在這個時候開始。

雲南大理白族有些地方的本主廟會本身又是歌會。洱源苴碧中央本主河頭龍王的廟會有一個傳說，相傳黑谷山東麓的小河村有一位能歌善舞的白族姑娘段小菊，求親人不絕於門，都遭拒絕。原來小菊在割山草時經常跟一位放羊的白族小夥子唱歌對調，兩人早就情投意合。後來在一次龍王廟會上，人們發現小菊倒在龍王段老三的塑像前死去，紛紛傳言小菊被段老三娶去做媳婦了。第二年會期，小河村的人宰豬殺羊、唱歌對調慶賀本主與他們村姑娘締結姻緣。廟主官營村認為這有損本主尊嚴，召集鄰近各村趕跑了小河村人，結果當年官營村疾病蔓延。第二年七月二十三日會期，官營村人主動塑了段小菊的像，並邀請小河村人對山歌，從此歌會流傳至今。〔註83〕這個故事，與下面歌神彌址三姐的故事，十分相似。

要神

用於還願。一種說法是，民間在節日唱戲、跳燈（指雲南民間歌舞劇「花燈」）時燒要神紙符；一種說法是，做什麼都不成功，事業無就，主心無定，認為是被要神「耍」著，請師娘看後送出大門燒，燒3對。〔註84〕

〔註82〕 本田野筆記（節選）由項目組成員、中山大學社會學與人類學學院2007級博士研究生熊迅撰寫。

〔註83〕 趙寅松撰寫，選自楊世鈺，趙寅松主編《大理叢書·本主篇》上卷，本卷主編楊政業，雲南民族出版社2004年版，第74頁。

〔註84〕 賈志偉：《騰沖神馬調研報告》，載馮驥才主編《年畫》2003年秋季號，中國戲劇出版社3013年版，第68頁。

耍神。雲南騰沖　　　　　　　耍神。雲南騰沖

密指（彌址）三姐

相傳彌址三姐是彌渡彌址人，生來愛唱山歌調子，到蒙化（今巍山）幫人插秧，與馬三爺對歌相愛，「栽秧唱到割穀子」，為人不容，二人被打死在東山土主廟外。三姐埋於大石碑，後人在此建廟奉祀，奉為唱花燈之神，巍山三月唱花燈要先祭祀她。此神專管精神病，有病去她廟中供獻或請神匠跳神，跳神時需有一人與神匠（三姐附身）對唱。平時跳神也會請彌址三姐到場，因擔心所請諸神嫌無聊留不住，故請三姐來唱調子娛樂。1〔註85〕巍山人告訴我，人發瘋，哭哭笑笑，又唱又跳的，那是撞著密指三姐了。密指三姐供在雲南巍山壩子南頭巍寶山下鏈子橋附近的小廟裏，這個小廟是從巍寶山大寺下來的土主廟。獻齋飯茶酒，用素，在南頭大石碑前燒化。

密指三姐。雲南巍山　　　　　密指三姐。雲南巍山

〔註85〕趙寅松、楊郁生主編：《中國木版年畫集成·雲南甲馬卷》（集成總主編馮驥才）中華書局 2007 年版，第 227 頁。

阿（女否）之神

「阿（女否合體字，音pi）」，有人認為即「阿始」，是即將消失的古代白族語言中對有地位婦女的尊稱，相當於「太太」。也有認為疑和附近雲南彌渡縣民間信仰的「阿（女否）」老太有關。「阿（女否）」老太和「阿（女否）」老爹是彌渡小梨園人，傳說是三國時孟獲的岳母岳父。彌渡鐵柱廟裏有「阿（女否）殿」，殿中供奉「阿（女否）」老太和「阿（女否）」老爹。〔註86〕還有傳說，彌渡壩子的歌，最早是阿（女否）阿奶和阿（女否）老爹從山歌口袋裏撒下來的，所以，當地有把阿（女否）阿奶稱做「歌神」的說法。每年正月十五，要到歌神前頌歌，唱完了還有還回去。〔註87〕

巍山地區念「阿（女舌）」為「阿pian」，即阿奶，或可看作「阿（女否）」的誤寫。「阿（女否）」是過年打牙祭（聚餐）、招財的神，每月初二、十六和財神、招財童子一起燒。「阿pian什麼都來一腳，什麼都管，什麼都扯。」當地人罵人不成熟，就罵其「阿pian奶」。〔註88〕

阿（女否）之神。雲南巍山　阿（女否）之神。雲南巍山　阿（女否）之神。雲南巍山

阿（女否）之神。雲南巍山　阿否之神。雲南大理　阿（女否）之神。雲南大理

〔註86〕楊郁生：《雲南甲馬》云南人民出版社2002年版，第194、196頁。
〔註87〕趙寅松、楊郁生主編：《中國木版年畫集成·雲南甲馬卷》（集成總主編馮驥才）中華書局2007年版，第218頁。
〔註88〕訪談人：雲南巍山彝族回族自治縣古城文華北街81號紙火店蘇寶鎮、劉存惠，訪談時間：2009年8月3日。

五音童子

舊時梨園供奉的諸多祖師和靈異中，有開音童子、清音童子、青衣童子等。此處的「五音童子」，不知是否與此有關。

五音童子。雲南曲靖〔註89〕

文工團

這個紙馬顯然是後來「發明」的。具體怎麼用，用來做什麼，尚不知曉。

文工團。雲南大理

八、其他行業神

在民間社會，「百工」由於關係到民眾日常生活的方方面面，所以素為人們重視。而社會經濟的發展，也與行業的成長和細化分不開。俗話說：「三百六十行，行行出狀元」，可見中國傳統行業的分類，已經有相當的規模。據統

〔註89〕本圖採自趙寅松、楊郁生主編：《中國木版年畫集成·雲南甲馬卷》（集成總主編馮驥才），中華書局 2007 年版，第 374 頁。

計，僅《中國行業神崇拜》一書，就搜集到行業神的名目五六百種。〔註90〕本書涉及行業神僅限於有雕版木刻紙符圖像的，而且有一些已經分述於不同章節。同時，由於地方或民族差異，有的行業神在當地被歸類到其他神系之中，如雲南大理白族有的本主，其實也可以視為地方性的行業神。在雲南大理洱源喬後有幾個本主神，白語叫「瓜解塔」，如「白胡山尖」「金角娘娘」「羊巴場金身」「龍竹脊金身」等。傳說，「金角娘娘」原是一位牧羊姑娘，每天往返要爬一堵陡崖。姑娘為了在陡崖下開出一條道路，活活累死。人們將她奉為本主，蓋廟祭祀，稱為「金角姑娘」。喬後鹽礦的本主是一位頭戴草帽、身披蓑衣、手牽一頭老牛的白胡老倌。據說他受老牛夢中指點，發現鹽井，被奉為喬後鹽礦本主。洱源苴碧北部象鼻山前永興村的本主叫「阿王太子」。他被奉為本主是因為他帶領村民開挖象鼻山中的金礦有功，至今人們把礦廠地址周圍的一壩田稱為「撣者簿夢」（白語，漢語意為阿王太子開闢的田壩），並稱阿王太子為「撣者簿」（白語，漢語意為田主）。〔註91〕

造酒仙翁

釀酒業的祖師爺一般認為是杜康，杜康即少康，是黃帝時代的糧官，是最早製作高粱秫酒的人。

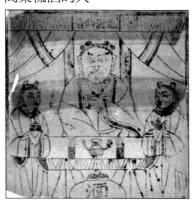

造酒仙翁。清末，北京〔註92〕

造酒仙翁。民國，北京〔註93〕

〔註90〕 李喬：《中國行業神崇拜》，中國華僑出版公司 1990 年版，第 5 頁。

〔註91〕 趙寅松撰寫，選自楊世鈺、趙寅松主編：《大理叢書·本主篇》上卷。本卷主編楊政業，雲南民族出版社 2004 年版，第 85～86 頁。

〔註92〕 引自蕭沉博客：《俗神》（圖為日本人 20 世紀初收藏）http://xiaochen.blshe.com/post/78/503808，2010,2,11。

〔註93〕 本圖引自美國哥倫比亞大學史帶東亞圖書館編：《美國哥倫比亞大學史帶東亞圖書館藏門神紙馬圖錄》，中華書局 2018 年版，第 188 頁。

醋神

釀醋作坊供奉的行業神，多以杜康或杜康之子帝杼為酒神和醋神。有的地方在農曆七月初一祭醬祖、醋姑。

醋神。雲南彌渡〔註94〕

藥王

和巫師、工匠一樣，醫生在民間傳統行業中地位也很特殊。由於中醫及各族民間醫藥在醫療思想和用藥方式上都有一套自己的觀點，所以，各族傳統的醫藥業乃至民間的一些醫藥行為，都不免要受到影響。

少數民族很善於尋找與天地相諧的最好時辰，如春天的葛根會、草藥會，夏天的端午藥市，冬天的土皇天進補，都與這種觀念相關。民間又有專祭藥王或「藥神」的祭會。

雲南劍川茨鼻和村北上科山下有座古柏庵，庵裏供著白族的「藥王」。他的座側有一隻似犬非犬的怪獸，叫琉璃獸。老輩人講，古時候，天神發怒，在白族中降下瘟疫。一藥老應召帶著一隻似犬非犬的怪獸，上山採藥，準備製成百寶靈丹，為民造福。由於琉璃獸遍體透明，能看到藥在體內流走運行的情形，所以很快選到九十九味良藥，還差一味，就可製百寶靈丹了。誰知，瘟神得知消息後，怕世上絕了瘟疫，就從陰山後移來世間第一劇毒之草「斷腸草」，毒死了嘗藥的琉璃獸。藥老只得用九十九味藥草熬成藥湯，暫時平息了瘟疫。雖然他已不能製成百寶靈丹，但由於他為人們辛勤治病的精神，受到了普遍的尊

〔註94〕本圖採自趙寅松、楊郁生主編：《中國木版年畫集成・雲南甲馬卷》（集成總主編馮驥才），中華書局2007年版，第374頁。

敬，被白王封為「藥王」。藥王死後，人們在他搭窩棚熬藥的地方，蓋了一座廟，塑上藥王和琉璃獸的金身像。每年四時八節（四時即春夏秋冬，八節即春節、二月八、立夏、端午、六月十五、中秋、冬至、臘祭），人們都要抬上三牲酒禮，齊來祭祀。

藥王菩薩。雲南大理

藥王菩薩。雲南大理

藥王。清末，北京〔註95〕

藥王之神。民國，北京

感應藥王。民國，北京〔註96〕

〔註95〕引自蕭沉博客：《俗神》（圖為日本人 20 世紀初收藏）http://xiaochen.blshe.
　　　　com/post/78/503808，2010,2,11。

〔註96〕以上 2 圖引自美國哥倫比亞大學史帶東亞圖書館編：《美國哥倫比亞大學史帶
　　　　東亞圖書館藏門神紙馬圖錄》，中華書局 2018 年版，第 176～177 頁。

百藥將軍

水草大王、百藥將軍。　　水草大王、百藥將軍。
雲南洱源　　　　　　　　雲南洱源〔註97〕

爐火之神

老君因擅煉丹而成為爐火之神，除此之外，還有金爐娘娘、金火仙姑、金火聖母、火神、歐冶子等為冶鑄業、陶瓷業爐火之神。

金爐聖姑。清末，北京　　爐火之神。清末，北京〔註98〕

三窯之神

從紙馬下部的窯口圖像看，此神應與磚瓦、製陶之類行業有關。窯神各地所奉有所不同，有的以發明製陶的堯舜為祖師，有的尊「造缸先師」范蠡為祖師，還有的奉童賓、趙概、蔣知四、華光等為窯神；如果是炭窯，則供奉孫臏、

〔註97〕本圖採自趙寅松、楊郁生主編：《中國木版年畫集成·雲南甲馬卷》（集成總主編馮驥才），中華書局 2007 年版，第 361 頁。
〔註98〕以上 2 圖引自蕭沉博客：《俗神》（圖為日本人 20 世紀初收藏）http://xiaochen.blshe.com/post/78/503808，2010,2,11。

陳爺爺、陳老相公。〔註99〕

三窯之神。民國，北京〔註100〕

女媧聖母

女媧補天的神話，在雲南大理地區也有流傳，巍山一帶還傳說有她補天遺落的幾塊石頭，它們化為當地的風水神山。民間因女媧能補天，所以補鍋匠、傘業等都把她奉為祖師。

女媧聖母。雲南玉溪〔註101〕

〔註99〕 參看李喬：《中國行業神崇拜》，中國華僑出版公司 1990 年版，第 101～119頁。

〔註100〕 本圖引自美國哥倫比亞大學史帶東亞圖書館編：《美國哥倫比亞大學史帶東亞圖書館藏門神紙馬圖錄》，中華書局 2018 年版，第 184 頁。

〔註101〕 本圖自趙寅松、楊郁生主編：《中國木版年畫集成‧雲南甲馬卷》（集成總主編馮驥才），中華書局 2007 年版，第 186 頁。

姜太公

在《封神榜》裏功勞最大的姜太公卻因故未能封神，列入道教神系的正式
編制。但民間卻因他善釣和能占的長處，奉他為水漁業和命相家的祖師。

姜太公。雲南彌渡〔註102〕

梅葛仙翁（染業）

梅葛仙翁即梅福、葛洪，為染業缸神，凡染布作坊、刷紙作坊、印年畫的
坊店、顏料商、種藍（靛藍）家等與顏料有關的行業，都奉梅葛二仙為祖師。
〔註103〕

梅葛仙翁。民國，北京〔註104〕

〔註102〕 本圖採自趙寅松、楊郁生主編：《中國木版年畫集成·雲南甲馬卷》（集成總
主編馮驥才），中華書局2007年版，第195頁。

〔註103〕 參看李喬：《中國行業神崇拜》，中國華僑出版公司1990年版，第284～286
頁。

〔註104〕 本圖引自美國哥倫比亞大學史帶東亞圖書館編：《美國哥倫比亞大學史帶東
亞圖書館藏門神紙馬圖錄》，中華書局2018年版，第188頁。